NELSON RODRIGUES
POR ELE MESMO

ORGANIZAÇÃO DE
**SONIA
RODRIGUES**

NELSON
RODRIGUES
POR
ELE MESMO

HarperCollins

RIO DE JANEIRO, 2022

Copyright © 2022 por Espólio Nelson Falcão Rodrigues.
Todos os direitos desta publicação são reservados à Casa dos Livros
Editora LTDA.
Nenhuma parte desta obra pode ser apropriada e estocada em sistema
de banco de dados ou processo similar, em qualquer forma ou meio,
seja eletrônico, de fotocópia, gravação etc., sem a permissão dos
detentores do copyright.

Diretora editorial: Raquel Cozer
Coordenadora editorial: Malu Poleti
Edição: Diana Szylit e Chiara Provenza
Assistência editorial: Mariana Gomes e Camila Gonçalves
Pesquisa: Pedro Krause
Preparação: Maísa Kawata
Revisão: Laura Folgueira
Capa: Douglas Lucas
Fotografia da capa: Foto Arquivo / Agência O Globo
Projeto gráfico e diagramação: Anderson Junqueira

Dados Internacionais de Catalogação na Publicação (CIP)
Angélica Ilacqua CRB-8/7057

R616n
    Rodrigues, Sonia
      Nelson Rodrigues por ele mesmo / Sonia Rodrigues. —
Rio de Janeiro: HarperCollins, 2022.
      192 p.
    ISBN 978-65-5511-321-1

    1. Rodrigues, Nelson Falcão -1912-1980 - Biografia
    2. Dramaturgos brasileiros - Biografia I. Título

22-1164
        CDD 928.69
        CDU 82-94:792.07

Os pontos de vista desta obra são de responsabilidade de seu autor,
não refletindo necessariamente a posição da HarperCollins Brasil, da
HarperCollins Publishers ou de sua equipe editorial.

Rua da Quitanda, 86, sala 218 — Centro
Rio de Janeiro, RJ — cep 20091-005
Tel.: (21) 3175-1030
www.harpercollins.com.br

SUMÁRIO

PREFÁCIO, POR FERNANDA MONTENEGRO

9

O SENHOR DAS PALAVRAS

11

OS DEPOIMENTOS DE NELSON RODRIGUES

19

OBRAS

PEÇAS 139

LIVROS 149

FILMES 153

TELEVISÃO 165

ADAPTAÇÕES 167

FRASES DE NELSON RODRIGUES
171

REFERÊNCIAS
187

PREFÁCIO
Fernanda Montenegro

NELSON RODRIGUES É O CERNE DO ABSOLUTO BRASILEIRO. UM eterno contemporâneo em nossas diversas áreas criativas. É um fenômeno existencial, único, ao expressar o que somos dentro dessas nossas fronteiras continentais. É um memorialista à altura de Pedro Nava.

Nelson Rodrigues por ele mesmo, de Sonia Rodrigues, nos traz uma compilação de depoimentos desse autor que não tinham sido ainda publicados. É um presente filial a esse pai inesgotável como criador.

Ao ler essas memórias, eu quis trazê-las para o palco. O roteiro me tomou uns bons meses, e o fiz por ser grata à sua obra, da qual fiz parte — e agradeço aos deuses — ao solicitar dele as peças *Beijo no asfalto*, *Toda nudez será castigada*, *A serpente*, além de protagonizar o filme *A falecida* e duas novelas televisivas.

Nelson Rodrigues por ele mesmo foi um trabalho assistido por plateias arrebatadas. Um fenômeno de identificação. Esse fato se consolidou a partir do Festival de Curitiba, em 2017, no Guaírão, onde mais de 2 mil espectadores jovens e não jovens a ele se entregaram numa absoluta comunhão através de um longo, emocionante e imensurável aplauso. A partir dessa aceitação tão calorosa, vimos esse fato se repetir em todas as outras plateias nas quais a leitura foi apresentada.

Por motivo da pandemia fechou-se, lamentavelmente, essa primeira caminhada em novembro de 2019 no Municipal de São Paulo, numa consagração que só acontece a raros referenciais e clássicos autores de outras nacionalidades. Pouquíssimas vezes vi isso em minha vida.

Na obra de Nelson Rodrigues, nós nos reconhecemos no nosso pior e no nosso melhor. E nos aceitamos numa total e trágica inquietação existencial.

Há uma frase do Nelson que escolhi para fechar o roteiro compilado do livro de Sonia Rodrigues que me toca profundamente — é em nós mesmos que devemos buscar e humanizar o nosso existir. A ele, eu agradeço tal conceito: "Aprendi a ser o máximo possível de mim mesmo".

O SENHOR DAS PALAVRAS

Sonia Rodrigues

PESQUISO E PATROCINO PESQUISAS SOBRE MEU PAI, NELSON Rodrigues, desde meados de 1999. Para isso, comprei vários arquivos de jornais e de particulares.

Às vésperas do seu centenário, em 2021, me dediquei a reler o acervo que acumulei sobre ele e sua obra para o portal nelsonrodrigues.com.br. Acabou que, na leitura, o Dono das Palavras se impôs. Pela admiração, pela coerência das ideias, por suas profecias. Foi assim que surgiu *Nelson Rodrigues por ele mesmo*.

A maioria do material pesquisado é fácil de ser encontrada. As entrevistas podem ser lidas, na íntegra, no portal. Meu trabalho foi apenas o de organizar e costurar entrevistas, depoimentos, aspas.

O que mais me incomodou durante esse processo foi constatar quanto estão se perdendo, no país, as ideias de Nelson Rodrigues, o que ele dizia que era, o que as pessoas que o conheceram disseram dele ou a ele. O que essas pessoas fizeram, às vezes de acordo com ele, às vezes em desacordo.

A firmeza com que meu pai defendia o seu ponto de vista, sem ataques pessoais, me fez ter muito orgulho dele, considerando que vivemos num país em que é comum o insulto, a difamação contra os que não comungam do mesmo ponto de vista.

Eu teria vários comentários a fazer sobre quanto ele resistia a abrir mão de sua feroz independência intelectual, para usar uma expressão de Anísio Teixeira em relação a Monteiro Lobato. Mas deixo aos leitores que quiserem, depois de ler meu pai por ele mesmo, a opção de tirar suas próprias conclusões recorrendo às entrevistas completas no portal. Lendo as íntegras, terão condições de avaliar a interferência ou não de alguns entrevistadores, tentando guiar as respostas, e a sensibilidade de outros em fazer perguntas que mostrassem mais e mais Nelson Rodrigues.

Tive um prazer especial em separar frases, parágrafos, histórias que estavam "enterrados como um sapo de macumba" dentro de entrevistas com perguntas "contra" o personagem Nelson Rodrigues. Talvez uma tentativa de caracterizar o reacionarismo ou o que o entrevistador considerava o ridículo representado pelas ideias de seu entrevistado.

Uma coisa me chamou a atenção durante a edição: o quanto a mesma entrevista, o mesmo depoimento foi recortado de forma diferente, por diferentes interlocutores, para ser publicado depois. Por quê? Não tenho a menor ideia. O que sei é que tais depoimentos, editados por mim, me comoveram, me esclareceram, mais uma vez, a vida, o mundo. Então, optei por colocar tudo o que meu pai disse, tudo o que permitia um parágrafo inteiro.

Roland Barthes escreveu, a respeito das dificuldades de organizar, editar e publicar conferências, que a diferença entre a língua falada e a língua escrita é a diferença entre a histeria e a paranoia. O escrito é absoluto, o falado pode ser contradito, refraseado. Não a fala de Nelson Rodrigues. Ele era tão coeso na sua maneira de ver o mundo, tão coerente na sua lucidez, no seu humor peculiar que falava como escrevia.

Outra coisa que me chamou a atenção: meu pai se contradizia em relação a alguns temas, a algumas pessoas. Dependendo do entrevistador, talvez. Do momento, quem sabe. Em relação a *Vestido de noiva*, mantive algumas repetições, descrições quase iguais referentes à estreia. As diferenças são saborosas, vale a pena apreciar.

Quando era entrevistado por ocasião da estreia de alguma montagem, ele dizia que aquela era sua melhor peça ou a preferida. Como escolhi não interferir no texto dele, deixei o entusiasmo momentâneo. Acho que nunca vamos saber o que Nelson Rodrigues realmente preferia.

Ele também não "entregava", não contextualizava, em geral, o processo de criação de cada peça. Ele conta uma ou outra circunstância da estreia de *A mulher sem pecado*, *Vestido de noiva*, *O beijo no asfalto*, *Bonitinha, mas ordinária*... E bate na tecla do que o teatro deve ser. Poucas peças de Nelson Rodrigues nasceram como peças. Depois de muita pesquisa, encontrei o trecho em que ele diz quais delas não foram "ensaiadas", primeiro, na coluna "A vida como ela é...".

Em relação à obra teatral, organizei os depoimentos (a fala) e, ao final, coloquei a escrita, representada por um texto que ele produziu aos 37 anos para o primeiro número da revista *Dionysos*, editada pelo então Serviço Nacional de Teatro, em outubro de 1949. Os leitores terão oportunidade de perceber a coerência de suas ideias, a limpidez da palavra e o quanto escrita e fala estão juntas, mesmo quando separadas por décadas.

Esse texto foi incluído neste *Nelson Rodrigues por ele mesmo* para demonstrar uma análise (no caso, uma autoanálise) que teóricos da estética da recepção não fariam melhor. Um brasileiro de 37 anos, que não terminara o ginasial (atual ensino fundamental), trabalhando como um desesperado para sobreviver, não só escreveu quatro peças de teatro polêmicas e fundamentais como ainda fez um *paper* usando conceitos que pessoas (inclusive eu) passam anos na pós-graduação para aprender a aplicar. Um espanto, esse Nelson Rodrigues.

Não fui eu que escolhi os trechos, eles me escolheram. Às vezes, eu gostava de um parágrafo ou dois de um depoimento ou entrevista e depois encontrava o mesmo tema em outro lugar, com diferença de meses ou anos, com outros interlocutores, e precisava começar tudo de novo. Às vezes, o trecho recém-descoberto colocava o mesmo ponto de vista de forma mais clara e com mais humor, por exemplo. Ou o patético ficava mais óbvio. Eu substituía o fragmento e reordenava o contexto. Reordenar o contexto foi o que fiz mais vezes, como se Nelson Rodrigues não me permitisse deixar passar nada.

O trabalho de seleção é meu, mas o texto é dele. Minha intervenção, marcada em negrito, foi mínima e só serviu para alinhavar aqui e ali os fragmentos escolhidos. A entrevista sobre *Anjo negro*, dada em 1948, precisaria, talvez, de uma intervenção maior, mas não tive coragem.

Pode ser que, no futuro, relendo, mais uma vez, os inéditos, apareça um ou outro fragmento, aqui e ali, que conte algo mais sobre ele e sua obra.

As contradições de meu pai, como as de todo grande artista, esclarecem muito a sua obra. Ele admirava a religião católica, com seus santos, seus ritos, e criticava a secura da religião protestante na qual foi, até certo ponto, criado, mas reconhecia o moralista protestante dentro de si.

Com exceção do divórcio, a que ele se opunha no início dos anos 1950 e que passou a aceitar em 1967, e das adaptações para o cinema, que passou a dizer que adorava depois d'*A dama do lotação*, as ideias dele se mantêm firmes em todos os depoimentos.

Nada intimidava meu pai, nenhuma sedução erudita o fazia recuar da atitude de publicista, de intelectual não orgânico. Sem querer me estender nesse esclarecimento, meu pai, provavelmente, foi um dos últimos intelectuais não orgânicos do país. Ele não era de partido, não era de igreja, não era de esquerda ou de direita, não era da Academia (nem a de Letras, nem a universitária), não pertencia a grupos de opinião nem a "panelas" de nenhuma espécie. Ao mesmo tempo, era um publicista, pois se achava no direito de expressar suas ideias sobre o que lhe pareciam ser os grandes temas de interesse público no país.

Nos textos pesquisados, ficou mais uma vez claro para mim o quanto Nelson Rodrigues preferia falar de suas ideias e de sua obra a falar de sua vida pessoal. Em depoimento gravado para o Museu da Imagem e do Som (MIS) do Rio de Janeiro, em 1967, por exemplo, uma ou outra pergunta tenta esclarecer se havia relação entre a educação doméstica dos Rodrigues e o teatro do meu pai. Ou ligação entre o texto jornalístico violento de Mário Rodrigues e o assassinato do irmão Roberto. Meu pai se manteve firme na sua posição de não envolver família na história.

Fui rigorosa no uso de trechos de crônicas. Usei apenas duas. Uma que ele escreveu dias antes de morrer e que esclarece, para mim, pelo menos, o quanto estava magoado e triste. Outra que esclarece uma injustiça contra meu pai, um boato de que ele teria escrito uma crônica entregando o nome de um amigo.

Meu pai reservava as crônicas para sua veia publicista, mas, em algumas, ele conta um pouco da vida pessoal. Em especial, a chegada de Daniela, a menina sem estrela, e o golpe terrível que a família Rodrigues enfrentou por ocasião da enchente de 1966.

Este livro, no entanto, não pretende costurar mais uma versão de sua biografia. *Nelson Rodrigues por ele mesmo* tenta unir o máximo do que ele quis dizer sobre sua vida e sua obra. Respeitando, inclusive, a posição dele de que o memorialismo é um tipo de falsificação e que a ficção é autobiográfica.

Gostaria de encerrar esta introdução agradecendo às pessoas que colaboraram na pesquisa e preservação do acervo que me possibilitou este recorte.

Uma confidência: às vezes, nas longas jornadas, lendo e relendo os depoimentos, as crônicas, ficava com a sensação de que eu era a escriba, apenas, a digitadora treinada na pesquisa com meu doutorado em literatura. No comando, o senhor das palavras, Nelson Rodrigues.

Era Nelson um reacionário? Suas ideias sobre o Brasil, sobre arte, sobre adaptação e cinema, relacionamento homem e mulher, amor são ridículas? Pode ser. Mas são dele. Nelson em estado puro.

TODOS NÓS TEMOS HISTÓRIAS QUE ENCHERIAM UMA BIBLIOTECA; QUALQUER

UM PODE FAZER TRÊS MIL VOLUMES SOBRE SI MESMO.

Nelson Rodrigues

OS DEPOIMENTOS DE NELSON RODRIGUES

EU TINHA QUATRO ANOS DE IDADE QUANDO SAÍ DO RECIFE. MEU pai estava na miséria e resolveu vir arranjar emprego no Rio. Veio sozinho dizendo à minha mãe que a chamaria logo que conseguisse emprego. Sua intenção era ir para o *Correio da Manhã*. Mas o tempo passava e ele não arranjava o emprego. Minha mãe se impacientou, vendeu todas as joias — era uma grã-fina de Pernambuco — e veio de navio com os filhos. Ela telegrafou a meu pai: "Vou com as crianças".

Pegamos um vapor. Por esse gesto de minha mãe, eu me tornei carioca.

Meu pai caiu no maior pânico do mundo, mas aguentou firme. No dia da chegada, lá estavam ele e o Olegário Mariano no cais do porto esperando. Meu pai, assombrado, estupefato, caiu nos braços de minha mãe.

Meu pai era um ciumento, tinha amor de folhetim, de *Elzira, a morta virgem*. Uma coisa atroz.

Fomos todos então para a casa de Olegário Mariano. O qual aliás teve uma tremenda briga comigo tempos depois. Ele me dizia aos berros pelo telefone: "Eu te matei a fome, desgraçado!". Foi uma discussão terrível, na base do "canalha", "quebro-te a cara".

Éramos seis filhos nesta ocasião, conforme o romance da senhora Leandro Dupré, *Éramos seis*. E aí chegou aquele batalhão imenso, meu pai num pânico profundo, sem um níquel no bolso, sem emprego, sem nada; nós tivemos que passar um mês na casa do Olegário Mariano e ele realmente me matou a fome.

O José Mariano, irmão de Olegário, era amigo de Edmundo Bittencourt e conseguiu arranjar emprego para meu pai no *Correio da Manhã*.

No dia seguinte à minha chegada no Rio de Janeiro — nunca me esqueço disso —, num vizinho o gramofone tocava a valsa de "O conde de Luxemburgo". Até hoje, quando ouço essa valsa, sinto um vento de nostalgia. Toda aquela atmosfera de repente desaba sobre mim novamente e fico assim meio deslumbrado. Desencadeia em mim todo um processo de volta, de busca, de descoberta. Isso era na rua Alegre, em Aldeia Campista.

Bom, aí, aos seis anos, fui para uma escola da rua Alegre, que mudou de nome, tanto a rua como a escola, mas a escola conserva exatamente a mesma coisa. D. Rosa se chamava a minha professora, uma senhora de narinas apertadas, tinha, no primeiro dia, um vestido de desenho todo florido, mas era um trocadilho com o nome.

Eu comecei a estudar, e aí que ocorreu aquele negócio da merenda... Eu era pobre, menino pobre, e levava uma banana, e estava muito orgulhoso olhando a banana, mas quando cheguei no recreio com a minha banana, muito maior que o momento da aula, quando puxei minha banana, outro garoto, simultaneamente, olhando para mim e baixando os olhos e olhando para mim outra vez, desembrulhava um sanduíche de ovo que humilhou e liquidou a minha banana. O ovo ainda estava úmido, de forma que escorria gema pela boca como uma papa amarela, e o garoto olhando pra mim, e eu não sabia o que fazer com a banana.

Aliás, essa cena iria se repetir por todo o meu curso, porque meu pai era pobre. Pão e manteiga, isso pra mim era coisa oriental das *Mil e uma noites*.

No Rio almoçávamos numa pensão. A mesa era um caixote de querosene. Nós não jantávamos. A gente comia aipim com café sem leite, café com água quente.

FUI O GAROTO MAIS PURO DO MUNDO. E UM DIA, EU ESTAVA EM casa com a minha mãe, entrou a vizinha: "Dona Ester, qualquer filho seu pode entrar em minha casa, menos o Nelson". Então contou o que eu teria feito na filha dela, o que, aliás, isso é uma coisa anterior, essa memória é anterior ao sexo, eu não me lembro, mas, segundo ela, eu tinha feito coisas incríveis com a menina dela que era da minha idade. Embora eu não lembre se foi a filhinha dela que me instigou a isso, porque eu sentia atração, mas não ia à ação.

Me apaixonei por todas as professoras. Mulher feia não existia para mim. Me lembro de uma professora que morava numa esquina lá, aparecia na sacada, e eu ia admirar aquela fulana.

E lembro de uma menina que tomava banho no tanque — e isso já me dá uma sensação de culpa horrenda. Fui olhar pelo muro a menina tomar banho. Isso causou-me uma sensação de doçura medíocre, achei aquilo uma coisa maravilhosa, mas sempre a sensação de um pecador.

Eu achava minha mãe a pessoa mais linda do mundo. Eu a achava parecidíssima com qualquer imagem da Virgem Maria que eu visse.

Tinha uma admiração tremenda por meu pai, que por sua vez admirava meu irmão Milton. Meu pai, eu achava parecido com os escritores Alexandre Dumas, pai, e Honoré de Balzac.

Meu irmão Roberto desde garotinho desenhava como um fanático, como um possesso, vivia desenhando tudo.

Meu irmão Mário escrevia "filmes", histórias em quadrinhos, onde heróis eram artistas de cinema.

Eu fui profunda e mortalmente ligado ao meu irmão Joffre, e tinha o maior sentimento, um sentimento profundo de família. A família para mim, já naquela ocasião, era uma paixão. Quando fazia minhas especulações, aos seis, sete anos, queria morrer em primeiro lugar, porque achava que não resistiria se o meu pai, minha mãe ou um dos meus irmãos morresse, embora achasse que nenhum de nós morreria jamais. Eu entendia que a morte era um fato para os outros, para nós, não.

O bairro da minha infância me marcou profundamente. Tanto que nas minhas memórias — sou muito memorialista e mesmo quando não faço memórias tenho sempre lembranças para intercalar — falo da paisagem de Aldeia Campista e das batalhas de confete da rua Dona Zulmira. Eram fantásticas e tinham uma fama incrível. Não sei a razão, pois naquele tempo não havia as coberturas de televisão.

A Tijuca teve uma coisa que me marcou muito: a Escola Prudente de Moraes, onde fiz a minha primeira "A vida como ela é...". Houve um concurso de composição na aula. Era, se não me engano, o 4º ano primário, e ganhamos o concurso, eu e outro garoto.

O outro garoto escreveu sobre um rajá que passeava montado num elefante e eu escrevi a história de um adultério que terminou com o marido esfaqueando a adúltera. Creio que a professora dividiu o prêmio com o outro garoto como concessão à moral vigente, porque ela ficou meio apavorada, em pânico, com a violência da minha "A vida como ela é...". Eu, quando soube que o garoto tinha ganhado também e ouvi a história dele, a dele foi lida em voz alta, a minha não, fiz uma restrição que revela todo o meu despeito profundo, a minha competição feroz. É que eu teria posto na testa do rajá um diamante. Ele não tinha posto, e isso foi minha compensação.

Foi aí que eu fiz o meu primeiro plágio, começando a história assim: "A madrugada raiava sanguínea e fresca".

Quando a professora começou a ler, fiquei em pânico que ela manjasse a história. Foi um plágio cínico, em plena consciência; não foi coincidência nem nada.

Foi já com esta "A vida como ela é..." que me senti escritor, porque eu me entreguei a isso com um *élan* fabuloso. Desandei a escrever o troço...

Continuei escrevendo e comecei a ser marcado na aula talvez como um gênio. Era olhado pelas professoras como uma promessa de tarado.

O MEU AMBIENTE FAMILIAR ERA, SOB O ASPECTO DE DIZER PALA-vrão, de um grande rigor. Eu disse o meu primeiro palavrão aos doze anos de idade.

Eu não fui exatamente proibido de dizer palavrão. Evidentemente, eu poderia não dizer na frente dos adultos, e poderia dizer com outros garotos. Mas eu não dizia nunca, jamais; isso era uma posição própria, uma atitude própria. Eu era contra o palavrão e hoje, que na vida real digo palavrão com uma certa abundância, ainda digo sob protesto e com pena.

Quando eu ouvia um garoto dizer palavrão, achava esse garoto um canalha abjeto, eu tinha o maior pudor físico que já vi em toda a minha vida. Eu me lembro do dia em que a porta do banheiro estava com o ferrolho estragado e uma santa tia a empurrou e me olhou quando eu estava tomando banho. Isto me apunhalou, foi uma das experiências mais "pânicas" e dramáticas de toda minha vida. Quando essa tia me viu num relance, assim num instante fulminante, tomando banho, isso me feriu profundissimamente.

O problema é que tenho a maior nostalgia de minha pureza infantil, isto até hoje. Eu me arrependo da minha primeira experiência sexual. A partir do momento em que conheci o amor físico, passei a ser outra pessoa e, até hoje, se me perguntarem qual é a solução que sugeriria para a angústia sexual de todos nós, eu diria: a castidade. Ou então o amor físico exclusivamente por amor.

Eu era péssimo aluno, mas ficava deslumbrado porque sempre tirava nove nos exames e sem a menor razão para isso, porque não estudava nada.

Era péssimo no comportamento e as meninas me chamavam de maluco, coisa que me humilhava e me ofendia. Agora, com tudo isso era um garoto muito preocupado com os problemas do sexo. Eu não entendia as manifestações dos sentidos, que começaram muito cedo em mim. Muito cedo que eu digo é de uma forma muito forte. Então estabeleceu-se o conflito: era como se fosse outra coisa, outro ser, outra pessoa, que coabitasse comigo e que me levava a imaginar coisas, a sentir coisas, que eu achava completamente abomináveis.

Embora eu seja uma vítima do sexo, eu sou muito inquieto. Sexo me inquietou muito, sempre. E me perseguiu com seu grilhão.

O sexo me deu culpa que eu considero justificada. Eu gostaria de ser casto até hoje.

Eu tinha tias protestantes, minha mãe tinha uma certa tendência ao protestantismo. Nós frequentávamos uma igreja no Méier. Eu achava a Igreja Protestante muito feia, seca, árida, sem graça nenhuma. E voltava de lá sempre com dor de cabeça. Agora, sempre tive uma fascinação total pela Igreja Católica. Por causa dos santos. Eu fazia à Igreja Protestante esta restrição gravíssima, de não ter santos. Eu não prescindia dos santos, do senhor morto na Sexta-Feira da Paixão. Eu tinha vontade de ser coroinha, naquele tempo, tinha vontade de ser frade.

Mudar para Copacabana foi realmente uma aventura fabulosa, por causa do mar. O mar significava Olinda, a minha infância profunda. Portanto o mar significava a minha pátria, minha paisagem.

"Voltei" para Olinda, em Copacabana. Fui morar na rua Inhangá, numa casa que eu achava um palácio, porque até a Tijuca nós tínhamos morado modestamente. Na rua Inhangá, a casa era de altos e baixos, tinha um sótão. Foi aí que eu descobri o sótão, isso é uma curiosidade porque eu usei o sótão no *Vestido de noiva*. Então, eu subia para o sótão e o achava uma coisa maravilhosa.

Meu pai já estava no *Correio da Manhã* e foi aí, logo depois, que ele se tornou diretor do jornal.

Desde cedo eu lia meu pai, não entendia muita coisa que ele escrevia, os termos que ele usava, mas ficava deslumbrado quando não entendia. O que é uma reação normal: até hoje, quando não entendemos, ficamos deslumbrados. E isso antecipou minha vocação, me deu uma pressa literária.

24

Aos dez anos comecei a fazer contos. Lembro-me que escrevi um conto, não propriamente um conto, um ensaio talvez, sobre a angústia. Comparava a angústia a uma floresta negra.

De vez em quando, eu tinha as minhas tristezas, sobretudo quando via cegos. Eu não podia ver um cego porque achava que eu ou minha mãe íamos ficar cegos, tinha este terror.

Aos cinquenta e um anos, fui pai de uma menina cega. Parece castigo. Eu era menino e já perseguido pelo fantasma da cegueira. Lembro-me que aos quatro anos vi uns cegos tocando violino debaixo da minha janela. Não consegui dormir, e caí da cama. Tinha pesadelos e via cegos escorregando do infinito.

Eu lia absolutamente tudo, mas comecei a ler num tempo em que eu não conhecia certos óbvios da natureza. Tinha uma cena no *A alegria de viver*, de Zola, por exemplo, onde ele contava que, de repente, um dia começou a ter um fio de sangue na urina da mocinha, e eu fiquei numa perplexidade amarga: "Mas por que este sangue ali, naquela hora?". Eu não tinha a menor noção deste fato mensal na vida feminina. Eu era tão inocente que eu lia Zola e não sabia o que era nádega.

Eu lia no peito e na raça, não era permitido, lia na biblioteca do meu pai e dos meus irmãos Milton, Mário e Roberto, que liam muito.

Eu tinha culpa. Zola falava que a fulana estava com as nádegas assim ou assado e eu fiquei na dúvida se nádega era na frente ou atrás. Eu não sabia como o homem nascia, não tinha a menor desconfiança. Então ele falava no ventre, e eu achava que era um negócio de barriga aberta, mas não com cesariana. Achava que era espontâneo, abria-se a barriga e saltava a criança. Esta foi a ideia mais arrojada que eu ousei sobre o fato da maternidade.

Eu era um garoto mais ou menos solitário, só tinha relações superficiais. Queria ter amigos, mas não conseguia. Passava vinte e quatro horas por dia, por assim dizer, na praia onde eu jogava pelada. Eu tinha mesmo loucura pela praia e gostava muito do cheiro do mar.

QUANDO MINHA MÃE MUDOU-SE PARA A RUA JOAQUIM NABUCO, esse era realmente um palácio e meu pai ganhava muito dinheiro. Minha mãe foi combinar com um jardineiro para ir lá, então ela disse que não precisava ir todos os dias, que poderia ser, de repente, no sábado. Então o jardineiro disse: "O sábado é uma ilusão". Depois eu procurei sondar o jardineiro para saber o que ele queria dizer, porque eu achava que atrás disto deveria haver um mundo. Fiz perguntas, repetia para ele a frase, mas ele próprio se esquecera da autoria e não dava a menor bola. Mas em todo caso ficou a frase "o sábado é uma ilusão", que é uma coisa realmente inquietante.

O PRIMEIRO AMIGO QUE EU TIVE, AMIGO REAL, FOI UM CABINEIRO quando eu tinha catorze anos e me tomei de amores por uma bailarina que tinha dezesseis. Eu tinha acabado de pôr calças compridas e tinha uma paixão tremenda. Aí conheci, no elevador do Odeon, o cabineiro chamado Petrônio, que, depois, por influência minha, tornou-se jornalista e foi meu grande amigo.

Eu perdi a inocência, numa expressão clássica e autêntica, no princípio dos meus catorze anos, na rua Benedito Hipólito, que então era a Broadway do Mangue. Ainda existiam francesas fabulosas lá.

Agora, o sujeito vai ao Mangue e o *mon chéri* desapareceu completamente. Até as brasileiras cearenses falavam com sotaque, porque havia essa ilusão da francesa ou então da polaca. A polaca que realmente não existiu, porque jamais aparecera uma polonesa por lá. Mas certas senhoras que faziam, como se dizia, tudo, eram, na gíria, as polacas. As francesas tinham uma certa reserva, mas a polaca não. Então, a clientela chamava as senhoras mais liberais, mais arejadas, de polacas.

Eu saía o último dos cães destes rendez-vous. Entrava lá com uma euforia de anjo e saía de lá me considerando o último dos pulhas.

Eu acho, como já disse, que a relação sexual sem amor é uma ignomínia, e como nós a usamos sem amor normalmente, nós somos uns desgraçados. O sexo só faz desgraçados e pulhas. Isto é o que eu aprendi em toda a minha experiência vital. Nunca vi o sexo fazer um santo ou um homem de bem. Ou ele faz um desgraçado, o que é normal, o comum, ou faz um pulha.

Eu acho o sexo uma coisa tranquilamente maldita, a não ser quando se dá este acontecimento inacreditável do sujeito encontrar o amor. Mas um sujeito precisa de quinze encarnações para viver um momento de amor. Porque a mulher amada, nada a obriga a estar na cidade onde a gente mora, a cruzar o nosso caminho. De forma que encontrar a mulher amada é um cínico e deslavado milagre. Então o sujeito não tem o direito de usar o sexo a não ser por amor. E dizer que isto é uma necessidade é uma das maiores burrices que se pode imaginar, porque a gente argumenta, quando fala nesta necessidade, como se o homem fosse o Boogie-Woogie.

O Boogie-Woogie era um cachorro da vizinhança que namorava uma cadelinha que eu tinha. O Boogie-Woogie, em certo período, vinha para o meio da rua e ali ficava, os carros passando e o atropelando, e ele lá, firme, enquanto a cadelinha, presa na varanda, ficava olhando. O Boogie-Woogie sim, precisava de sexo. Nós não: precisamos é de amor.

Eu digo isto como um homem que usou com certa frequência e que criou esta falsa necessidade de uma atividade sexual normal, que não considero normal coisíssima nenhuma.

O idiota da objetividade é o jornalista que tem grande fama, todo mundo, quando fala dele, muda de flexão. Mas eu acho o idiota da objetividade um fracasso.

QUANDO EU TINHA ONZE ANOS, MEU PAI FOI SER DIRETOR DE JORnal, o proprietário era o jornalista Veludo. Quando eu aparecia lá, meu pai dizia: "Vai embora". Meu pai não queria que nenhum filho dele seguisse a carreira de jornalista. Sabia o que o sujeito arriscava a pele, não queria um filho dele metido nisso. Então me enxotava. Eu saía de um jornal e ia para o outro, e como eu era filho do meu pai, me deixavam entrar, conversavam comigo e achavam a minha voz curiosa, e eu ficava ouvindo. Eu queria ouvir, não queria falar.

Aos treze anos me tornei repórter de polícia do jornal *A Manhã*, que meu pai dirigia, com o belo ordenado de trezentos mil.

Aos catorze anos, escrevi um artigo chamado "A tragédia de Pedra", que foi uma estreia literária formidável, foi um sucesso, todo mundo achou que eu era o tal, um garotinho pequenininho, cabeçudo. Saiu na primeira coluna e eu fiquei deslumbrado comigo mesmo.

Hoje, com os elementos de crítica, os meus critérios atuais, acho que eu fui uma criança maravilhosa, mas um adolescente péssimo. Eu, como adolescente, não fiz nada que se aproveitasse.

HOJE É DIFICÍLIMO DESCOBRIR O REPÓRTER DE POLÍCIA NA PAI-sagem da redação, porque ele acabou. Hoje são os outros, inclusive as estagiárias, e até redatoras, que fazem a reportagem policial, sobretudo o grande crime. Ah, o grande crime não é mais matéria policial. Qualquer um pode fazer.

Antigamente tinha uns gênios. Por exemplo, havia o "Rui Barbosa do telefone", um nosso amizade que na redação telefonava para qualquer lugar, para qualquer delegacia, e sabia de tudo. Então, quando cheguei, me apontaram: "Aquele é o Rui Barbosa do telefone".

A redação era um deslumbramento. Hoje, a redação é essa massa de máquinas e redatores batendo.

Uma vez fiz uma reflexão, que atribuo a outra pessoa quando escrevo: as pessoas não pensam mais porque não têm absolutamente mais tempo para isso. Ficam batendo à máquina no meio daquele barulho. De vez em quando alguém conta uma piada e, logo em seguida, recomeça o barulho. Ninguém pensa.

Antigamente havia uma redação estilista. O diretor era o gênio absoluto, o Proust, o dono da língua. Havia sempre um diretor que escrevia, coisa que hoje não precisa. E o sujeito escrevia artigos notáveis.

Além disso, de vez em quando, o Edmundo Bittencourt, por exemplo, chegava na redação e perguntava: "Quem escreveu a nota tal?". E metia a mão no bolso e dava uma gorjeta principesca ao autor. Lembro-me de uma nota sobre um guarda que foi enganado por um sujeito. O André Romero, do *Correio da Manhã*, escreveu uma matéria com esse título: "Sem título". Bonito. O Edmundo deu-lhe uma nota. Havia esse prêmio à coisa bem escrita. Ao achado. Todos os diretores eram assim. Os diretores eram Edmundo Bittencourt, Alcindo Guanabara, Gil Vidal, meu pai Mário Rodrigues, de quem sou admirador feroz.

Tinha evidentemente os analfabetos irremediáveis, mas tinha gente que escrevia bem, que caprichava. Havia cerca de 80% de colaboração do repórter, sem essa colaboração não havia imprensa. Eu me lembro daquele negócio do Castelar, que eu conto de vez em quando.

O Castelar escreveu uma notícia sobre um incêndio, num pardieiro imundo, mas não tinha morrido ninguém. Não morreram nem as ratazanas, que saíram correndo. Então o Castelar pensa, pensa, e põe lá um canário cantando durante todo o incêndio e, de repente, o silêncio do canário, que tinha morrido. Morto torrado como Joana D'Arc, cantando.

Havia também o repórter de atropelamento, que escrevia desde 1905: "Fulano de tal, não sei o quê, vinte e nove anos, pardo, residente à rua tal, número tanto, foi colhido por um automóvel". Isso era a escória da reportagem policial, que fazia isso com a objetividade que se usa hoje no *Jornal do Brasil*.

Havia os estilistas que faziam as tragédias. Uma tragédia como a da amante do senador: "Ela estava amando o senador no terceiro andar e entra o marido de revólver; a santa senhora se atira de camisola" — e por que a camisola ninguém sabe — "do terceiro andar, em cima de um toldo".

Antigamente toldo não era de cimento, de sorte que a senhora salvou-se com vagas escoriações e com aquele susto tremendo. Tragédias dessa natureza, dessa amplitude, eram com os repórteres mais categorizados, então eles faziam literatura. Julgavam-se obrigados a fazer literatura. O nariz de cera, que a imprensa atual não usa, era inevitável. O leitor babava na gravata de satisfação literária e estilística, porque o sujeito caprichava no nariz de cera, em seguida saía galopando a fantasia. Ninguém era preto, nunca uma adúltera era preta ou mulata; tinha olho azul, era loura. O pessoal retocava a realidade.

Aliás, por falar em preto, uma das experiências mais dramáticas, nas minhas experiências jornalísticas, foi uma vez quando o meu colega Luiz Costa, na minha querida *Última Hora*, recebeu um serviço fotográfico de um atropelamento e berrou assim: "Mas vocês acham que eu vou publicar cadáver de um negro?!". Quer dizer, havia essa coisa racial na imprensa, ela era racista pra burro.

HOJE AINDA EXISTE A ESTAGIÁRIA. O QUE ASSOMBRA NA ESTAgiária não é a sua graça pessoal, mais discutível, menos discutível, segundo cada caso. O que me assombra são as suas perguntas e repito: são as perguntas que tornam a estagiária um ser tão misterioso e absurdo como certas imagens de aquário.

Uma dessas meninas irreais de redação é bem capaz de atropelar um presidente, um rajá, um gângster ou um santo ou, simplesmente, uma dessas velhas internacionais que embarcam em todos os aeroportos. E perguntar: "Que me diz o senhor, ou a senhora, de Jesus Cristo, do Nada Absoluto, do Todo Universal ou da pílula?".

Uma delas foi incumbida de entrevistar um milionário. Ligou para a casa do milionário, disse: "Eu queria falar com o dr. Fulano". Do outro lado, uma voz responde: "Dr. Fulano não está passando bem". E a menina insiste: "Então, pergunta a ele se...". Desligam e a estagiária disca novamente, não com o dedo, mas com o lápis: "Eu queria falar com o dr. Fulano". A pessoa diz, desatinada: "Minha senhora, o dr. Fulano acaba de ter um enfarte. Enfarte, minha senhora, enfarte. A senhora quer que eu diga mais do que estou dizendo?". E a estagiária: "Vai lá e pergunta a ele o que é que ele acha da pílula. Eu espero". A família do enfartado toda se descabelando... o que, aliás, é raro, porque, no nosso tempo, a família chora muito pouco. O inimigo da morte — que é o clínico — dá logo um furioso calmante. A estagiária então liga novamente. Dá sinal de ocupado. Continuou, com uma obstinação fatalista. E sempre ocupado. Uma hora depois, atendem. Era uma mulher que ou estava gripada ou chorando. A estagiária diz: "Por obséquio, eu queria falar com o dr. Fulano". Responde a voz feminina: "O dr. Fulano acaba de falecer". E a estagiária: "A senhora diz a ele que é só uma perguntinha"... e etc. Agora, há um dado que me parece essencial. As entrevistas das estagiárias têm uma virtude rara: nunca saem. Falo por experiência própria. Quase todos os dias, uma estagiária me caça pelo telefone. E eu falo sobre todos os temas e personalidades. Opinei sobre os Kennedy, João XXIII, o Kaiser, Gandhi. No dia seguinte, abro o jornal e vejo que não saiu uma linha. Mas uma coisa curiosa: não só as estagiárias. Profissionais da melhor qualidade estão seguindo a mesma linha.

Posso dizer que a nossa imprensa criou o gênero de entrevistas que não serão publicadas nem a tiro.

O distanciamento que há entre o repórter e o fato,
entre o repórter e uma emoção, entre o repórter e o patético
é uma coisa horrenda.

EU ACHO QUE O FICCIONISTA QUE NÃO FOI REPÓRTER POLICIAL tem um desfalque, porque, em três meses de reportagem policial diária, ele adquire a experiência de um Balzac. Para informar aquilo em ficção, ele tem um filão inesgotável. Isto quando o repórter é um ficcionista.

Todo o meu teatro tem a marca de minha passagem pela reportagem policial. E tanto mais que foi aí que eu conheci o cadáver, porque os defuntos que eu tinha conhecido, havia uma certa distância entre mim e eles. Eu olhava, mas não me tornava íntimo. Agora o repórter policial, este sim, torna-se íntimo do cadáver e da morte.

Apesar de eu ter me tornado um familiar da morte, ela me assombra sempre. Não adquiri a insensibilidade profissional de meus colegas.

Lembro de uma adúltera que tinha levado um tiro, ali num desses subúrbios, e depois eu fui vê-la no necrotério. Ela estava com um sorrisinho, então o repórter, meu colega Fernando Costa, chegou lá, pegou o cabelo da defunta, ajeitou para posar para o fotógrafo, fez uma farra com o cadáver.

O distanciamento que há entre o repórter e o fato, entre o repórter e uma emoção, entre o repórter e o patético, hoje, é uma coisa horrenda. Este sujeito deveria ser despedido, inclusive o diretor deveria ser demitido porque admite isso.

É incrível. A edição extra antigamente era uma coisa do homem tremer dentro do sapato, quando saía. Outro dia estive na Biblioteca Nacional folheando antigas edições do *Correio da Manhã*. O assassinato de um rei de Portugal tinha quatro manchetes e a última era assim: "Horrível emoção", tudo com exclamação. Agora o *Jornal do Brasil* escreveu num domingo sobre o jogo de sábado. Na primeira página tinha uma vasta notícia sobre o jogo, uma coisa tecnicamente tão "perfeita" que não dizia o resultado. Então escrevi uma crônica no dia seguinte, dizendo que havia a maior curiosidade na cidade: estava todo mundo numa angústia total perguntando quem ganhou. Era um detalhe...

Hoje na crônica esportiva, por exemplo, todo mundo tem automóvel, ganha pra burro, todo mundo recolhe como patrão. A seção esportiva é uma autarquia, não deve explicação a ninguém.

Também você vê todo mundo elegantíssimo. Antigamente o sujeito tinha uma cárie, consertá-la era uma utopia desvairada. O sujeito não ia ao dentista. Há anos eu não vejo dor de dente na redação, antigamente era pinto. Tuberculose então, hemoptise no meio da redação: o sujeito parar no meio da matéria e cuspir fogo na pia era usual. No meu tempo escrevia-se a lápis. Não tinha máquina. Olha aqui o Otto Lara Resende, por exemplo, ganha de todos os lados, tem um cabide de empregos, o dinheiro sai atrás dele. A juventude de hoje já começa do bem-bom. E não vejo nenhum maltrapilho raspão de cofre.

Os jornais eram mais pobres. Era uma pobreza terrível, vale de cinco mil-réis era inacreditável. Em 1931, considerava-me de uma audácia incrível porque pedia todos os dias ao Roberto Marinho um vale de dois mil-réis para almoçar. Isso era muita petulância de minha parte.

Naquele tempo um dono de jornal era um dono de jornal. Houve um tempo em que o dono do jornal tinha essa onipotência: nomeava ministro por telefone e queria nomear até presidente da República.

Hoje, muitos donos de jornal não mandam nem na própria redação. Eu tenho vontade de escrever uma farsa em que o grande personagem, o herói bufo, é um dono de jornal. Em *Viúva, porém honesta*, uso de fato um diretor de jornal, mas sem lhe dar o relevo e a densidade que o tipo reclama.

Eu escrevi recentemente um negócio profundamente autêntico sobre o Nascimento Brito, do *Jornal do Brasil*. Ele quis publicar uma matéria, mas como a esquerda festiva achou que não era conveniente, ela foi sabotada, e o Brito não conseguiu publicar.

Isso, no tempo do meu pai, era uma piada. Para começar, os revolucionários escreviam uma coisa mais reacionária, porque sabiam que o diretor ia mandar assim. O sujeito não pensava quando estava na redação.

Eu, durante muito tempo, fiz do jornal um veículo de promoção pessoal, já confessei isso, já berrei isso. Agora, graças a Deus, atingi um estado de pacificação comigo mesmo. A minha vaidade, ainda resta dela algum vestígio, mas moderadíssimo. A rigor, eu não leio as coisas que escrevem a meu respeito.

Quando eu comecei a trabalhar, aos treze anos, não havia delinquência infantil e a juvenil era nenhuma. Eu acho que o Juizado de

Menores é quem criou a delinquência. Hoje crianças de treze anos assaltam e matam, antigamente não havia disto.

MINHA ATRAÇÃO PELA REPORTAGEM POLICIAL FOI PELO NEGÓcio de morte, pelo pacto de morte. Desde garoto sou fascinado pela morte. Em vez de ter medo, ia peruar enterro. Não tinha medo nenhum, e volta e meia me infiltrava nos velórios. Achava uma coisa fantástica a chama das velas.

Hoje os nossos velórios perderam isso, é tudo luz elétrica. Uma coisa incrível, uma falta de respeito. Antigamente havia os gemidos e os gritos na hora do enterro. O enterro era apaixonante. Entrava todo mundo assim, de cara de pau. Hoje a capelinha desmoraliza a dor. Antigamente, a hora de sair o enterro era uma coisa tenebrosa.

Fui repórter de polícia de dois anos e meio a três. Fazia a cobertura. Lembro-me do caso de um homem que foi assassinado na Tijuca. Cheguei ao local e lá estava o comissário dizendo: "Esse pessoal fica telefonando para a *Crítica* (era o jornal de meu pai) e só depois avisa a polícia". O cara estava furioso, fazendo um verdadeiro comício.

Depois que meu pai morreu, o jornal ficou com meus irmãos Mário Filho e Milton Rodrigues.

Esse jornal existiu até o dia da Revolução de 1930, quando foi empastelado.

Há aí um episódio curioso envolvendo eu e meu irmão Joffre, o único sujeito que já vi meter medo num louco. Tinha um louco na redação que só se mantinha lá porque todo mundo tinha medo dele. Como então despedir o louco? E ele ia ficando. Quando chegava, mudava a fisionomia na redação, a atmosfera era outra. Só quando do saía é que todo mundo voltava ao estado normal.

Um dia esse louco estava metendo o pau em Mário Filho, quando chega meu irmão Joffre. Ao ouvir aquilo, Joffre virou-se para ele e passou-lhe a maior descompostura. Chamou o nosso louco de tudo o que ele podia ser.

Pois bem, no dia em que estourou a Revolução de 1930, tomamos um automóvel, ele e eu, pensando em passar na *Crítica* e mandar fazer a notícia, com a mais santa ingenuidade. Pouco antes de chegarmos, já vinha saindo a multidão que empastelara o jornal. Meu irmão Joffre queria simplesmente descer do carro e brigar com aquela massa. Tive que segurá-lo e pedir ao chofer que seguisse. E o chofer ficou vagamente indeciso se seguia ou nos entregava à multidão.

Meu irmão Roberto foi o único gênio que conheci na minha vida. Era um artista de cinema, um galã daqueles tremendos, deflorador terrível. Ele aliás era tentado, seduzido pelas mulheres. Entrava numa casa de família e todo mundo se apaixonava por ele. Se havia duas irmãs, eram as duas irmãs. Um negócio tremendo. E, ainda por cima, era um sujeito denso, tinha um negócio assim trágico, fatal, aquela certeza de que ia morrer cedo. Em todas as suas ilustrações, os enforcados, os assassinados, tinham a sua cara.

Estava sentado, conversando com ele, com o chofer Sebastião, com um detetive, o Garcia, que andava por lá batendo papo com a gente, e com o negro Quintino, que só tinha um olho. Era uma hora da tarde e estava tudo vazio, porque naquele tempo se respeitavam as regras — matutino era matutino. Agora não, tudo é a mesma coisa: só tem matutino. Estávamos lá conversando, quando entrou aquela mulher, numa calma impressionante. Nunca vi ninguém mais calmo na minha vida.

Reconstituindo depois, verifiquei que me espantara essa calma de uma pessoa que entra num ambiente estranho. Deveria entrar sempre meio expectante, sem saber qual seria a recepção. Chegou lá e disse: "O dr. Mário Rodrigues está?". "Não, ele não está", foi a resposta. Foi então até a porta de vaivém, que era na frente da redação, olhou e realmente não tinha ninguém. Se tivesse gente lá, umas cinco pessoas como sempre tinha à noite, teria complicado o desfecho, que poderia ser outro. Porque o fato de ter que atirar no meio de tanta gente modificava a situação. Virou-se então para o Roberto e disse: "O sr. poderia me dar um minutinho de atenção?". Lembro-me até do seu perfume. Uma coisa de que nunca me esqueci foi esse perfume. Ela então, muito calma, abriu a porta e entrou. Atrás foi o Roberto.

Dirigi-me para a escada para ir tomar uma média, ou um sanduíche de mortadela, uma coisa dessas. Quando me apoiei no corrimão da escada, ouvi o tiro. Um barulho incrível. Nunca na minha vida tinha percebido que tiro de revólver tinha aquela violência. Não entendi e cheguei a pensar que era suicídio da mulher. Aí corremos todos, e o detetive Garcia veio com o revólver na mão, empurrou a porta e todo mundo entrou. Ela disse, quando viu o detetive Garcia armado: "Eu não vou fazer mais nada. Vim aqui matar Mário Rodrigues ou um de seus filhos".

A coisa que mais me assombrou em toda a minha vida foi aquela calma com que ela disse no momento em que meu irmão estava ali mortalmente ferido: "Ou um de seus filhos". Mário Rodrigues não tinha nada com o peixe e meu irmão também, que era apenas desenhista. Meu pai dizia durante o velório a todo mundo que ia abraçá-lo: "Essa bala era para mim!". E era. Roberto era um inocente, era a própria inocência.

Verifiquei uma coisa impressionante. Num caso como esse não se pensa no assassino. Quem tentou o homicídio não tem a menor importância. O que importa é salvar o ferido. Só pensei em salvar o ferido, todo mundo só pensou nisso, enquanto o detetive Garcia segurava a criminosa. Roberto estava deitado no chão e quando o crioulo Quintino foi carregá-lo — não me esqueço — ele pediu: "Cuidado, cuidado". A bala penetrara na espinha e qualquer movimento provocava dor.

A morte de meu irmão Roberto deu-me um profundo horror ao assassinato. Este horror é tanto que entre ser vítima ou assassino, prefiro ser vítima.

O assassínio de meu irmão marcou a minha obra de ficcionista, de dramaturgo, de cronista, assim como a minha obra de ser humano. E esse assassinato está marcado no meu teatro, nos meus romances, nos meus contos.

Esse crime me mudou inteiramente. O fato de um sujeito morrer por ser filho do meu pai, que por sua vez não tinha nada com o peixe, me deu horror da opinião pública. Toda unanimidade é burra. A maioria geralmente está errada. Tenho horror de eleição. Querem que quarenta milhões de pessoas julguem como se fossem Aristóteles ou Platão. Uma das maiores peças do mundo é *Um inimigo do povo*, de Ibsen. O protagonista diz, no final, que o grande homem é o que está mais só. Por isso brinquei com minha classe teatral, quando andava em comícios, assembleias e passeatas. Sou o que está mais só.

Meu pai era um desses sujeitos que tem um incrível sentimento paterno e aquilo foi uma catástrofe para ele.

Dou-lhes um exemplo para mostrar como era meu pai. Uma vez o governador de Pernambuco mandou comprar meu pai, que estava fazendo uma campanha contra ele. Meu pai ainda mantinha relações e raízes em Pernambuco. Foi-lhe oferecida como suborno a quantia de dez contos de réis, que era uma fortuna colossal na época. Meu pai então pensou numa boa: denunciar o negócio e oferecer os dez contos aos pobres do Rio de Janeiro.

No dia da distribuição, na rua 13 de Maio, instalou-se ali um pátio dos milagres: todas as doenças estavam representadas.

Um crioulo deu um salto em cima de meu pai e lhe beijou a mão. Não sei se é verdadeira essa minha impressão, mas com a minha imaginação de ficcionista pensei que era um leproso, que se escondera com o pudor da lepra. Cada pobre recebeu dez tostões. Foi um sucesso incrível.

Meu pai morreu um mês e tanto depois da morte do meu irmão. Ele previa que ia morrer de paixão.

A fome não tem limites. As pessoas fazem aquilo que jamais pensaram que fossem capazes de fazer, quando passam fome.

DEPOIS DA REVOLUÇÃO DE 1930, QUANDO EMPASTELARAM O JORnal do meu pai, eu e minha família começamos a passar fome.

Uma vez, num Carnaval, fui a pé da antiga Galeria Cruzeiro até o limite de Copacabana com Ipanema para comprar três pães de cem réis. Já estava faminto e muito fraco, de forma que quando cheguei em Copacabana resolvi tomar um bonde. Fiquei tapeando o condutor, para não pagar. Comprei os pães e fui procurar uma casa onde se vendia um prato de feijão. Quando fui comer o feijão, tinha uma barata. Porque na fome tudo acontece.

Não se trata apenas da fome em si, mas também das outras coisas. As pequenas não querem nada com você. Você não dá gorjeta e o garçom o trata como um mendigo.

Quem pensa que eu não ia comer é um alienado total, nunca passou fome. Confesso a vocês que afastei aquele importuno e comi o feijão. A fome não tem limites. Comi sem o menor escrúpulo, pois não tinha comido nada naquele dia.

Outra vez, eu encontrei meu amigo André Romero, companheiro de outros tempos, e ele me convidou para almoçar e fomos almoçar na Lapa, e eu estava sonhando com bife com batata frita, mas quando chegamos lá e nos sentamos, o André Romero disse para mim: "Olha, vamos comer fígado acebolado". Comi até me enjoar. Até hoje, quando como fígado, eu me lembro desse dia.

FOI ENTÃO QUE EU CAÍ DOENTE DO PULMÃO.

Muita gente, ao saber da tuberculose, assustava-se. Era uma época em que tuberculose não era sopa. Gente tomava formicida quando sabia que estava tuberculosa. Fui para Campos do Jordão. Sarei depressa, voltei.

Meu irmão Joffre teve uma tuberculose muito violenta. Eu fui com ele para o sanatório de Correias e lá ele morreu e eu recaí. Porque tinha passado quinze dias, mais ou menos, sem comer e sem beber, enquanto durou a agonia dele.

Fui outra vez para Campos do Jordão.

Quando fiquei tuberculoso, estava um esqueleto coberto por um leve revestimento de pele. Havia um espelho em frente à cama e era tal o horror que tinha da minha própria figura que cobri esse espelho com um lençol, para não me ver. O médico me examinou e determinou que eu tinha de ir para Campos do Jordão. Disse que conhecia lá um colega que cuidava do Sanatorinho. Sanatorinho era coisa para a pobreza violenta. Não me disse isso. Disse apenas que era de graça.

Já tinha estado em Campos do Jordão. As tristezas que sofri lá não se descrevem. Foram as minhas "Recordações da casa dos mortos". Quando cheguei, o médico me deu o serviço rapidamente. Lá, eu era indigente. Não pagava nada, mas fazia pequenos serviços, de arrumação, de garçom etc., como os outros indigentes.

Estava n'*O Globo*, onde o pessoal me conhecia e alguns achavam que eu tinha talento. O Roberto Marinho achava que eu tinha talento. E essa palavra indigente me humilhou pra burro, de maneira mortal. Perguntei ao médico quanto se pagava na outra parte do sanatório, e ele me disse que a mensalidade era de 150 mil-réis. Respondi que aceitava. Usaria o meu dinheiro que estava indo para minha mãe, para ajudar, porque todo mundo vivia no regime de fome.

Roberto Marinho pagou os meus vencimentos integrais por três anos, durante todo o tempo em que estive doente. Recaí da tuberculose cinco vezes e estive em Campos do Jordão três vezes. No caso da tuberculose, naquele tempo, era preciso ter sorte e a lesão não ter nenhuma aderência.

A doença contou muito para mim. Eu odeio Campos do Jordão.

Naquele tempo morria-se aos borbotões de tuberculose. Eu era um pessimista e, em Campos do Jordão, eu cultivei meu pessimismo porque notei que todo otimista morria. Na véspera da hemoptise, os otimistas faziam os projetos mais mirabolantes, falando daqui a cinquenta anos.

A minha tristeza em Campos do Jordão era uma coisa terrível. Não se tratava apenas de mim. Havia o ambiente e os tipos que me cercavam. A tosse, por exemplo. A partir das duas da manhã, era uma sinfonia de tosses, de todos os tipos e de todos os tons. E as escarradeiras? Todo mundo tinha. Algumas eram artísticas, prateadas, com desenhos em relevo. Logo que cheguei, não sabia dessas coisas e vi um sujeito abrir uma espécie de lata muito bonita. Abriu com cuidado e fiquei olhando: "Mas que coisa bonita", disse para mim mesmo. Era a escarradeira.

A meu lado, dormia um garotinho estrábico, o Tico-Tico. Ele tossia sempre como todo mundo até que uma noite, após um acesso de tosse, disse de repente: "Sangue." Essa era a grande história: quando o sujeito dizia "sangue", todo mundo saía porque tinha o que os médicos chamavam de "ligeira piora". Isso se o cara não morria no ato. Outra vez, quando já estava numa pensão e não no Sanatorinho, chegou uma moça linda que vinha da feira. Estava tocando uma rumba no rádio. Parou, teve um espasmo e — sangue. Imediatamente a levaram para cima. Morreu no dia seguinte, boiando no próprio sangue e pedindo: "Me salve, doutor, me salve".

Tenho na minha vida um arsenal de fatos incríveis.

A minha vida não faz graça para ninguém. Tive tudo, sofri tudo.

EU GOSTARIA DE FAZER VINTE PEÇAS POR ANO, E O PIOR, O MAIS pungente, é que poderia fazê-las, porque, uma vez trabalhando, eu tenho, como já disse, muita rapidez, porque suprimo a duração do tempo pela intensidade, de forma que me concentrando, realmente, faço as vinte peças.

Não faço pelo problema do dinheiro, problema da minha manutenção, eu digo a minha, mas são realmente várias manutenções. Eu gosto muito mais do dinheiro plantado, eu realmente gostaria de ser milionário, gostaria de fazer sozinho os treze da loteria esportiva.

A minha intenção primeira era ser romancista, eu não pensava no teatro. Por causa da turma toda que eu lia, Zola, Mark Twain, por quem eu e o José Lino Grünewald temos até hoje a maior admiração.

Eu sou, sobretudo, um leitor de ficção. Eu ainda hoje leio com um *élan* formidável ficção.

Desde os catorze anos, eu sempre li tudo, até catálogo telefônico. Meu tempo estava absorvido pela leitura, mas nunca havia me interessado por teatro antes. Isso me ajudou muito.

Eu trabalhava n'*O Globo* e resolvi fazer uma chanchada para ganhar dinheiro. Um dia passo pela porta do Teatro Rival, onde estava representando o Jaime Costa. Era uma peça do Raimundo Magalhães Júnior, *A família lero-lero*. Parei, e veio um conhecido meu que trabalhava no teatro e me disse que a peça estava dando os tubos. Informei-me depois e era verdade: dava uma fortuna. Disse a mim mesmo: "Vou fazer uma chanchada e ver se dá dinheiro. Pode ser que sim". Precisava de dinheiro para mim, para a minha família. Animei-me e fui escrever a chanchada.

Mas, a partir da segunda página, a peça tomou um movimento próprio e se transformou em um drama apaixonante, que fala da tristeza do ser humano. Quer dizer, foi o assunto que se impôs, o clima, a história que se impôs.

Isto foi em 1939.

Vejam o que é o segredo da carreira de um autor brasileiro. Comecei a escrever e, na segunda página, aquela peça — *A mulher sem pecado* — ficou séria. E a cada página foi ficando mais séria. Não fiz nenhuma concessão ao humor. Fiquei surpreso, vagamente divertido e impressionado com isso. Era no tempo do Estado Novo, um tempo em que se o sujeito se chamasse Vargas, ainda que por acaso, ou seja, mesmo que não tivesse nenhum parentesco com os Vargas, tinha um prestígio automático. Meu irmão Mário Filho era amicíssimo do Vargas Neto, que tinha dado emprego ao diretor do Serviço Nacional de Teatro.

O Vargas Neto era um sujeito afetuoso. Quando era amigo, era amigo mesmo e fazia favores incríveis. Deu-me uma carta formidável. Levei-a ao diretor do SNT, que me atendeu prontamente, e a minha peça foi representada.

A mulher sem pecado foi levada ao teatro Carlos Gomes pela Comédia Brasileira, que era a companhia oficial. Era em dezembro e fazia um calor de rachar catedrais. Entre as muitas pessoas que assistiram à peça estava a viúva Marinho, convidada por mim. Para mim foi um deslumbramento.

A peça fez um sucesso relativo. De crítica, mas não de crítica especializada. Da crítica intelectual: Santa Rosa, Álvaro Lins e Manuel

MINHA BIOGRAFIA ESTÁ REFLETIDA NA MINHA OBRA. TODO AUTOR É AUTOBIOGRÁFICO E EU SOU.

O QUE ACONTECE NA MINHA OBRA SÃO VARIAÇÕES INFINITAS DO QUE ACONTECEU NA MINHA VIDA.

Nelson Rodrigues

Bandeira escreveram coisas espantosas sobre *A mulher sem pecado*, que não era ainda *Vestido de noiva*, mas tinha uma audaciazinha. Sobretudo, não tinha nada de chanchada.

A mulher sem pecado foi um semifracasso de bilheteria.

Depois, vi o Jouvet aqui, no tempo da guerra, e não significou nada para mim, aliás, como nenhum teatro francês. Depois eu vi o Jean-Louis Barrault, achei acadêmico, *poseur*, não me disse nada. Estive uma vez com Jouvet na UNE, nem a conversa dele me disse nada. O Augusto Frederico Schmidt nos levou lá, mas o sujeito olhava para nós e pensava: "Que débeis mentais", num desprezo total por todos ali. Um ar de gozo que todo francês tem. Você põe um francês aqui, ele olha para a gente e pensa: "Palhaços". Por isso nem o francês, nem o inglês me dizem nada. Eu, aliás, nunca quero conhecer nem franceses, nem ingleses.

Eu comecei minha carreira teatral com uma vaidade homicida. Isto eu confesso: eu tinha ódio do Joracy Camargo, por causa do sucesso de *Deus lhe pague*, ódio do Raimundo Magalhães Júnior, por causa do *Carlota Joaquina*, tudo anterior a mim. Mas não importa, eu incluía o passado no meu presente, no meu ressentimento. Qualquer sujeito que tivesse, quisesse ter ou tivesse tido algum êxito teatral dava-me uma irritação de extrema malignidade, não perdoava.

Podia ser um frequentador assíduo de teatro, mas não era. Garoto de doze anos, ia para a porta do Trianon, que era um teatro pequeno e aconchegante — Procópio Ferreira estreou lá —, e olhava tudo aquilo com um certo deslumbramento. Achava tudo formidável, os atores, a plateia. Aquilo me fascinou, assim, vagamente.

DEPOIS D'*A MULHER SEM PECADO*, FIQUEI DESLUMBRADO COM O teatro e resolvi mergulhar de cabeça na dramaturgia. Então parti para uma experiência e imaginei aquela coisa de ações simultâneas, em tempos diferentes.

Quando vi que o negócio dava certo, comecei a pensar em *Vestido de noiva*. Comecei a trabalhar furiosamente.

Todo o pessoal profissional achou que eu estava fazendo piada. Diziam: "Você não vê que isto aqui não pode ser organizado no palco?". "Então, paciência. O azar é meu" — era a minha resposta. Todo mundo recusou a peça.

Imaginei primeiro o sujeito na realidade, depois sonhando e delirando. Precisava então de um plano para a realidade, outro para o sonho e outro para o delírio. A ideia para a peça surgiu assim.

Escrevi *Vestido de noiva* sem nenhuma sugestão. Eu estava no arquivo d'*O Globo* e tinha lá uma fotografia de velório. Foi a partir dessa foto que comecei a imaginar a peça. Aliás, foi no velório de Madame Clessi que fiz aquilo. Resolvi fazer uma peça onde tivesse um velório e um casamento simultaneamente. Comecei a bolar um processo que resolvesse um problema cênico e *Vestido de noiva* foi realmente isto.

NAQUELE TEMPO, A CONDE LAJES ERA O PONTO ALTO DO GRÃ-FInismo da prostituição.

Tinha acabado de ler Dostoiévski e conhecido Sônia (a heroína de *Crime e castigo*), aquela beleza que procurei em cada mulher. Tentei descobrir Sônia indo com prostitutas. Descobri nelas, mulheres sempre realizadas, todas sem neuroses, todas dizendo que outro trabalho é chato, que bom é aquilo mesmo. Nunca motivos profissionais levaram a prostituta ao suicídio. São mulheres tranquilas. É uma vocação. Nasce-se prostituta como se nasce poeta, violinista, chofer de táxi.

Madame Clessi era uma gaúcha linda. Ficava besta: "Mas como é que ela está na vida?" — perguntava a mim mesmo. Daí é que veio a minha ideia de que a prostituta é vocacional. Fiz grandes investigações nos prostíbulos e nunca encontrei uma prostituta triste, uma prostituta que não tivesse a maior, mais absoluta, a mais plena satisfação profissional.

Se não é assim, por que a menina bonita e jeitosa vai para aquela vida e fica satisfeita? A prostituta só se mata por dor de cotovelo, quando seu cáften arranja outra e a abandona. Só assim. Há suicídio de mulher honestíssima, mas não de prostituta.

EU MORAVA ENTÃO NA RUA EDUARDO RABOEIRA, NO ENGENHO Novo. De dia eu comecei a escrever peça em *O Globo Juvenil*, onde trabalhava. Mas quando estava fazendo a primeira página de *Vestido de noiva*, chegou o Djalma Sampaio, que era secretário de *O Globo Juvenil*, e disse: "Mas você vem para cá para escrever teatro?". Então eu ia para casa, normalmente no bonde Uruguai-Engenho Novo, e depois do jantar, às dez horas da noite, eu escrevia até meia-noite.

Uma coisa que eu não deveria confessar, mas já que estamos falando aqui para a posteridade, eu vou me impor esta confissão desprimorosa: chegava em casa todo dia às dez horas da noite, jantava, descansava um pouco e fazia a metade de um ato. No dia seguinte, outra metade. Portanto levei uma semana para escrever a peça. Sei que isto é meio desmoralizante, para um sujeito que escreve uma peça, famosa e consagrada, que muitos chamam de obra-prima.

Não havia outro jeito, a não ser escrever assim. Isto foi em 1941, a peça foi encenada em 1943. O ideal seria se eu pudesse escrever — se não fosse o Djalma Sampaio, a quem eu devo este favor — ainda mais rápido, no próprio *O Globo Juvenil*, sem o sacrifício que fazia, pois eu ia escrever já estourado.

Nesse tempo eu já fazia as três refeições. Isso foi depois da minha fome.

Agora, a fome ajudou muito. A experiência da fome é muito válida, muito importante para o ficcionista, para o revolucionário, quem queira ser ou fazer alguma coisa importante na vida. Eu não acredito no revolucionário ou no autor sempre bem-alimentado. Eu acho que um passado, uma experiência de fome, sempre é útil.

Produzi *Vestido de noiva* de caso pensado, queria que fosse um sucesso intelectual. A estrutura era complexa, não esperava bilheteria. Não sabia o que a peça faria com minha vida, não sabia que ela me faria famoso.

O fato de conhecer pouco teatro me deu uma incrível liberdade de escrever. O processo de ações simultâneas em tempos diferentes de *Vestido de noiva* era algo que nunca tinha visto em minha vida. Todos me perguntavam: "Como o sujeito pode ser e não é? Como um cadáver depois aparece em cena?". Era um luxo técnico e foi difícil encontrar um diretor que comprasse a ideia. *A mulher sem pecado* foi bom, mas a explosão de *Vestido de noiva* foi além do que eu podia prever.

Vestido de noiva primeiro ia ser na Comédia Brasileira, o que seria uma catástrofe. Mas então o Brutus Pedreira leu a peça no original, quis segurá-la para Os Comediantes e disse que me dava dois contos pelos direitos autorais. Isso na época era uma quantia inverossímil, porque, quando eu escrevia uma croniqueta e ganhava cinquenta mil-réis, isso modificava o meu almoço e o meu jantar em casa. Mudavam minha vida esses cinquenta mil-réis, de forma que dois contos era um negócio inteiramente nababesco. Fiquei deslumbrado com isso, ainda perguntei ao Santa Rosa se eu devia passar o *Vestido de noiva* para Os Comediantes. Ele disse: "Não, acho que você deve continuar com a Comédia Brasileira", o que era o pior conselho que o meu querido Santa Rosa poderia ter me dado. Mas assim mesmo o Brutus não me largou, ele percebeu tudo e me fez tirar a peça da Companhia Brasileira.

Na ocasião conhecia o Ziembinski de nome. Então o Brutus deu o texto para o Ziembinski ler. No dia seguinte, ele apareceu para um encontro comigo, muito impressionado. Ele tem uma técnica de leitura, não lê depressa, amadurece. Então ele me disse ter gostado muito do primeiro ato. Tinha gostado sobretudo do que ele chamava "madureza" de linguagem, da concentração da linguagem e do rendimento teatral que sentia nela. Depois leu o segundo ato e apareceu dizendo: "Gostei ainda mais do segundo ato". Ele me perguntou como acabar, então, a peça.

A primeira ideia que lhe ocorreu foi acabar a peça com Madame Clessi e Alaíde sentadas numa cadeira de vime, no limite da ribalta, de frente para o casamento da irmã. Aí começou a bolar-se coisas, até que se chegou à conclusão final com o buquê. O Ziembinski é meu amigo, hoje ele está alquebrado, mas naquele tempo chegou aqui dizendo que o Louis Jouvet era uma besta, partia para essas atitudes suicidas e tinha um *élan* criador formidável.

A concepção cênica do *Vestido de noiva* eu considero uma obra-prima, e para o teatro brasileiro foi um negócio do arco da velha.

O coro que é utilizado na peça foi pura intuição mesmo, se quisermos chamar isso de intuição.

Consegui encenar *Vestido de noiva* porque, em primeiro lugar, havia Ziembinski, que fez um trabalho espetacular. Foi a melhor coisa que ele fez no Brasil. Sua direção foi sensacional. Ficou possuído pela peça.

EU NÃO DIRIA QUE ZIEMBINSKI FEZ UMA NOVA CONCEPÇÃO DE cenografia. O nosso querido Ziembinski andou espalhando durante um certo tempo que reescrevera comigo *Vestido de noiva*. Imaginem se não tenho trezentas testemunhas de que *Vestido de noiva* é exatamente aquilo que escrevi. Além disso, a peça foi consagrada como texto antes do espetáculo.

NÃO QUERIA MATAR NINGUÉM, MAS, EM MATÉRIA DE MISÉRIA, era um Raskólnikov, até *Vestido de noiva*.

Uma vez Roberto Marinho chamou meu irmão Mário, levou-o até a varanda, ali na rua Bittencourt da Silva, e disse-lhe: "Mário, diz ao Nelson que precisa tomar cuidado. Hoje ele está cheirando mal". Era uma camisa que durava há uma semana no corpo. Usava a mesma roupa dois meses, porque dinheiro para lavar roupa era um problema. Então, eu era esse homem que cheirava mal.

NO DIA DA ESTREIA DE *VESTIDO DE NOIVA*, FIQUEI ANDANDO EM torno do Municipal antes do início do espetáculo. O teatro tinha aqueles porteiros da *Belle Époque* com uniformes azuis e botões dourados. Lembro-me que um tinha uns bigodões enormes. Quando abriram as portas, subi lentamente as escadas e fui lá dentro.

Quando ia voltando, vi entrar, como o primeiríssimo espectador, o Manuel Bandeira, que já tinha escrito dois artigos sobre a peça. Foi exatamente a primeira pessoa a entrar, uma espécie de paraninfo da peça. Perguntou-me como iam as coisas e respondi, meio desanimado, que iam mais ou menos e tal.

Aquela estreia foi um ato suicida. Imaginei todo mundo vaiando. Com a fama da peça, admitia que a turma não topasse a inovação e arrebentasse lá uma vaia.

Minha mãe estava na plateia, e imaginem ela me vendo vaiado! Daí a pouco fui para fora e só voltei quando a peça ia começar e todo mundo já estava sentado. A melhor plateia do Brasil — embaixadores, intelectuais etc.

Quando a peça começou, fui para a antecâmara do camarote das minhas irmãs e fiquei ouvindo. E gozado: embora o público nada saiba de uma peça, tem conforme o caso uma certa intuição de sucesso. De sucesso ou pelo menos de barulho, de movimento. Acabou o primeiro ato. Duas palmas contadas a dedo. Disse a mim mesmo: estou liquidado, para mim não há jeito.

Vem o segundo ato e ele termina de um jeito que não produz o gesto incoercível da palma. Uma palma e meia. "Estou superliquidado", pensei, "pois nem minha mãe me aplaude". Resolvi olhar a cena e houve uma coincidência: justo nesse instante, uma vasta cruz que estava lá desabou. Se pegasse num artista, matava. Voltei para a minha antecâmara, mas já sem nenhuma esperança.

Acaba a peça, eu esperando as palmas e houve um silêncio. Pronto, disse, agora é o fim. Aí começaram duas, três palmas, em direções diferentes. Em seguida umas palminhas, e o negócio foi crescendo e de repente veio um berreiro de gol em Fla-Flu, um negócio espantoso. Então começaram a chamar, "o autor, o autor". E minhas irmãs me pegaram e me levaram para a beira do camarote. Ninguém jamais pôde pensar que aquele sujeito era eu, a minha presença física não dizia nada para aquelas pessoas, que continuavam a pedir a presença do autor e me olhavam com o maior desprezo.

Foi a apoteose, uma coisa incrível.

Roberto Marinho veio abraçar-me. Quando ia descendo as escadas, Álvaro Lins caiu nos meus braços. Chamou o Paulo Bittencourt, que rasgou um elogio. O Paulo Bittencourt chegou no *Correio da Manhã* e escreveu um tópico — o jornal tinha então uma seção de tópicos — botando *Vestido de noiva* nas nuvens, dizendo que era uma página nova no teatro brasileiro.

Dois dias depois, Fred Chateaubriand chamou-me para almoçar e convidou-me para dirigir *Detetive* e *O Guri*, do grupo dos Associados. Imediatamente passei a ganhar seis vezes mais. Tudo por causa de *Vestido de noiva*. De repente fui outra pessoa, social e humanamente. Descobri em mim coisas que não tinha coragem de descobrir. Era realmente um outro homem.

EU SOU UM AMOROSO, TENHO UMA ATITUDE DE NAMORADO diante de *Vestido de noiva*. A estrutura da peça ainda me encanta, acho que como realização é inatacável.

Agora eu tenho mais fascinação por outras obras mais imperfeitas, mais desiguais, mesmo porque prefiro a obra de arte que seja imperfeita. Eu prefiro que haja uma luta feroz do autor com seu tema, com sua linguagem. Que ele dê com a cara no chão de vez em quando. Quando sinto falhas dentro da obra de arte, me impressiona mais. Eu não sou parnasiano, embora o brasileiro o seja.

Na época da estreia de *Vestido de noiva*, o negócio era Leopoldo Fróes, os autores escreviam com sotaque lisboeta. E, de repente, aparece *Vestido de noiva*. Tinha o melhor povo, em matéria de inteligência, na plateia, e o pessoal ficou besta.

E aí que eu passei a existir literariamente.

Manuel Bandeira era então meu admirador; depois deixou de ser, por exaustão: cansou-se de me admirar. Eu compreendo e justifico que a admiração do Bandeira tenha estrebuchado, agonizado e falecido, porque ele realmente, durante vários anos, me admirou com um *élan* tremendo, mas finalmente cansou. Orai por ele.

O êxito de *Vestido de noiva* banhou em mel a minha vaidade, mas ao mesmo tempo me despertou para um problema: os admiradores são realmente nocivos para o artista.

Naquele tempo eu ainda precisava do êxito, do artigo no jornal. Eu fazia qualquer coisa para ter artigo no jornal e escrevi muito artigo sobre mim mesmo, com pseudônimo.

Não sou um escritor unânime,
porque a unanimidade é uma burrice.

ESCREVI O *ÁLBUM DE FAMÍLIA* E FOI UM ROMPIMENTO COM MEUS admiradores, embora eu ainda tivesse aquele conflito de querer o elogio. Mas, ao mesmo tempo, senti que devia partir para as últimas consequências.

A família do meu álbum não é uma família de esquina, é a família humana.

Ora, em 1946, a Censura olhou este *Álbum* e declarou: "Tem incesto demais". Como se o incesto pudesse ser de mais ou de menos.

Não escrevi uma peça sobre o incesto. Escrevi um trabalho exaustivo sobre o homem em estado de paixão pura. Ali, naquela família e no seu álbum, não existem as meias medidas porque não há valores em jogo. Há, isso sim, a violência da primeira família humana ainda sem os sofrimentos provocados pelo mundo exterior. Há o homem, granito fremente e apaixonado.

Então houve um movimento crítico: o Álvaro Lins rompeu, o Manuel Bandeira pôs *Álbum de família* nas nuvens, isto eu devo a ele. O Álvaro dizia: "Isto não é linguagem", enquanto o Manuel Bandeira: "Mas o bom é justamente a linguagem".

Álbum de família é uma peça humaníssima. Ela foi formidável para mim, porque me pôs numa posição que é extremamente válida para o artista, que é a de autor maldito.

Quando Álvaro Lins escreveu um artigo contra *Álbum de família* eu, furioso, comecei a escrever coisas contra ele e pedia para amigos assinarem. Eu publicava contra o Álvaro Lins em diversos jornais, e o pior é que ele se doía com isso, achava que era um complô, uma conspiração. Fiz isso, esse tempo todo, só me preocupando com o problema dos admiradores, porque eu passei a escrever para eles. Fazia uma frase: "O que é que fulano acha, o que sicrano vai achar disto?". Então comecei a sentir isso, e isso começou a me fazer mal, a me causar dano, mas sem prejuízo da delícia que eu sentia com o elogio do jornal, com o retrato no jornal, e até com a descompostura no jornal. Porque chegou a um certo ponto que até descompostura no jornal me lisonjeava.

No *Álbum de família*, por exemplo, no retrato, todo mundo está posando, enquanto, sentado, nu, está Nonô. O *Álbum* é quinhentas vezes mais forte que *O último tango em Paris*, com antecipação de trinta anos. Exprime uma violência que, agora, é usada.

Álbum de família é uma peça suicida, que da primeira página à última linha desiste do aplauso crítico e tranquilamente admite a própria destruição. Tanto é que ela passou vinte e um anos encarcerada, enjaulada como uma cachorra hidrófoba.

A nossa opção, repito, é entre
a angústia e a gangrena. Ou o sujeito se
angustia ou apodrece.

EM *ANJO NEGRO*, NADA SE FEZ SOB O SIGNO DA IMPREVISÃO. TUDO obedeceu a um minucioso planejamento. Tivemos tempo e organização bastante para levantar a *mise-en-scène*, para executar a sua concepção nos mínimos detalhes, para criar uma representação tão justa e harmoniosa quanto possível.

Sandro Polloni criou este conjunto de homens e mulheres de teatro e, sob a direção de Ziembinski, cada ator ou atriz procura realizar seu papel e entregar-se no ambiente geral da peça.

Não houve pressa, antecipação, não houve uma circunstância que pudesse prejudicar o andamento de nossas atividades. Ou por outra: houve uma única circunstância desfavorável, ou seja, a batalha longa, contínua, exasperante contra a Censura.

Desde que *Anjo negro* sofreu sua primeira interdição que todos nós da produção da peça vivíamos sob a maior angústia. Seria duro, duríssimo, que todo o esforço feito e acumulado, dia após dia, resultasse inútil.

Houve um momento em que o desânimo teria dominado, não fosse a força do pessoal, o otimismo obstinado, a decisão de Sandro. Ele jamais deixou de acreditar que venceríamos, afinal, e, por isso, manteve o ritmo dos ensaios, certo de que a paralisação de atividades implicaria num colapso talvez definitivo.

Por último, quando a situação era desesperadora, ele teve a seguinte resolução: caso não fosse possível levantar a interdição de *Anjo negro*, seria levado de qualquer maneira de portas fechadas, num único espetáculo privado. Isto apesar de uma montagem dispendiosíssima e de um enorme elenco. Eu creio que é preciso respeitar o idealismo tenaz de um produtor que se dispõe a sofrer prejuízos totais, contanto que veja em pé, uma única noite, a sua criação. Quando o Ministério da Justiça liberou, afinal, meu drama, a alegria do elenco foi uma coisa delirante.

Não farei previsão nenhuma sobre o sucesso. Posso responder por mim, ou pelos companheiros infatigáveis que trabalham há tanto tempo e de cujo esforço, disciplina, concentração sou uma testemunha cotidiana. Posso responder por Ziembinski, que criou para uma peça tão precária como poderá ser a minha, um espetáculo que repito maravilhoso, pela poesia plástica. O texto será péssimo, e não as imagens criadas pelo artista polonês. Posso ainda responder por Sandro, que não dorme há quarenta e oito horas. Mas pelo público, não. O público é sempre um estranho, um desconhecido.

SOU UM HOMEM QUE CHORA.

MEU SENTIMENTALISMO É MEU PONTO FORTE.

Nelson Rodrigues

Eu, quando faço as minhas peças, a verdade é que não penso nele, mas cogito possíveis reações e preservo uma única qualidade: o de ser irredutível, o de não fazer concessões. A peça é o que deve ser segundo a sua natureza, a sua personalidade.

Não quis agradar a ninguém, e se alcançar este resultado — desculpe meu tom e arrogância apenas aparente — foi sem querer. Portanto, se eu não penso no público, e não quero adulá-lo — ele pode reagir como lhe parecer melhor, repartirei seu julgamento. Desejo o sucesso, mas não sacrifico por ele uma vírgula do meu original ou a concepção de uma única cena. Isto nem implica num ato heroico, mas exprime somente um dever de elementar dignidade autoral.

Acredito muito no elenco. Ziembinski conseguiu torná-lo extremamente harmonioso. E encontrou, para obter este resultado, intérpretes de uma disciplina quase patética e que, nestes três meses, não fizeram senão estudar seus papéis e viver praticamente em função deles. E há, ainda, valores individuais, dentro do elenco, que, repito, de exceção. Por exemplo, Itália Fausta, atriz que as plateias mais novas não conhecem, senão através de referências vagas ou erradas. Tendo completado meio século de atividade teatral, ela pode ser considerada uma atriz moderníssima. Não pertence ao passado e sua atualidade me parece indiscutível.

Outra: Maria Della Costa, jovem e bonita, atinge de maneira quase fulminante a sua maturidade dramática.

Orlando Guy fará o marido preto. O argumento de que não é negro retinto não é válido. Considerado o caso de um estrito e honesto ponto de vista teatral — o único que importa —, basta que sua discreta maquilagem e seu desempenho dramático deem a ilusão do "negro Ismael". E não teremos direito à menor restrição. E se Ziembinski o escolheu entre muitos que se candidataram ao papel, deve-se a que o tipo de Orlando Guy era o único que correspondia à concepção do tipo X que o ensaiador polonês exigia.

Outro valor excepcional: Nicette Bruno. Sua cena com Maria Della Costa, no terceiro ato de *Anjo negro*, é um momento admirável de técnica e de emoção. Outro ainda: Joseph Guerreiro, extremamente lírico no papel de irmão cego. Em suma, foram criadas para *Anjo negro* todas as condições técnicas e artísticas. E eu, como autor, já não tenho nada mais com o assunto a partir do momento que terminei o manuscrito. A peça adquiriu sua própria vida, fará seu próprio destino. O máximo que posso fazer é desejar que *Anjo negro* seja feliz. Nada mais.

Quanto a *Anjo negro* ser uma peça mórbida, isto não me interessa, poderei fazer à margem alguns comentários. Em primeiro lugar, a mim, tanto faz que seja ou deixe de ser mórbida. Já ouvi essa pergunta muitas vezes e fico espantado. Pois a morbidez não me parece que seja nem um defeito, nem uma qualidade; significa apenas uma característica muitíssimo inofensiva. Portanto, se atribuírem ao *Anjo negro* toneladas de morbidez, não ficarei em absoluto inconsolável.

Fui um péssimo adolescente e só despertei da infância aos quarenta anos. É aí que passei a viver a vida, com todos os seus valores. Consegui respeitar e realizar meus amores.

A *FALECIDA* É A HISTÓRIA DE UMA MULHER DE CLASSE MÉDIA que, um belo dia, se convence de que é um fracasso como esposa, amante e em todos os sentidos. E começa a pensar, vai nascendo dentro dela, elaborado lentamente, que o ideal seria morrer para ter, num enterro de luxo, tudo aquilo que a vida não lhe deu.

A ideia de ter um enterro de primeira acaba dando-lhe um novo vigor, uma nova energia. Por outro lado, ela tinha brigado com uma prima, uma tal que lhe dissera que ela não tinha onde cair morta. Essa é mais uma razão para morrer gloriosamente. E tanto faz que começa a ficar doente e sua doença vai assumindo outra importância.

A falecida não vai morrer nunca. Eu sou um autor que gosta de todas as minhas peças, jamais desprezei uma única. Mas *A falecida* é a que mais gosto. Quando a vi pela primeira vez no palco, disse que era uma das peças do meu coração e pouco a pouco fui me convencendo de que, se ocorresse uma catástrofe e desaparecessem todos os meus textos teatrais, ficaria satisfeito se apenas *A falecida* sobrevivesse, pois assim não teria vivido inutilmente.

O público sempre deu um apoio tremendo ao drama, que é construído em cima do patético e do humorístico. Se por um lado as pessoas choram, por outro têm momentos de risos permanentes. A lógica da peça é isso mesmo: para fazer chorar e para rir.

PERDOA-ME POR ME TRAÍRES ERA, GROSSO MODO, O CASO DE UM marido enganado que pedia desculpas. Pedia desculpas por ter sido traído, por ter sido enganado. É apaixonante o problema. Todo mundo só julga o infiel e nunca a vítima. Esta fica no seu canto, esquecida ou glorificada. Toda a nossa ira se concentra no infiel. É uma justiça suspeita e unilateral. Devíamos julgar os dois e com a mesma impiedade.

Pergunto: "Por que se trai?". Não deve ser por esporte, por passatempo. A infidelidade tem suas razões profundas, a sua lógica maciça e implacável. Na minha peça, o marido enganado reconhece o próprio erro. Ele raciocina mais ou menos assim: "Se fui enganado é porque errei".

Cai de joelhos diante da esposa, abraçado às suas pernas soluçando: "Perdoa-me por me traíres". Claro está que os parentes do rapaz, os amigos, os conhecidos, não entenderam nada. E, por fim, a opinião geral (inclusive da própria mulher) foi de que o homem estava louco.

O coração humano é surpreendente. Nem a mulher beneficiada compreendeu o gesto de amor, e ato de profunda e desesperadora humildade. E em vão, o traído pedia: "Perdão! Perdão!". Ela não perdoou; e concordou com os que queriam interná-lo. Disse, com o rosto duro, inescrutável: "Deve ser internado". Até o psiquiatra interpretou o caso nos seguintes termos: "Se ele era bom, meigo, solidário, triste, estava louco".

Em *Perdoa-me por me traíres*, fiz a minha experiência de ator sabendo que era o pior ator do mundo. Foi um gesto romântico de minha parte: unir minha sorte à de uma peça que eu sabia polêmica.

Quando acabou a peça e abriu o pano, o primeiro e o segundo ato tinham sido aplaudidíssimos, eu estava triunfante dizendo: "Que sucesso!".

Mal sabia que o pessoal não queria interromper a peça porque queria ver até onde eu ia chegar. Esperaram calmamente que eu acabasse a peça. Aplaudiram todos baixo. Aí, quando acabou, arrebentou a vaia.

O formidável nessa vaia foi que a metade vaiava e a metade aplaudia. E diziam: "Tarado, tarado". Agora, a turma que aplaudia, dizia: "Fala, Nelson, fala, Nelson". Eu me senti na obrigação...

Eu não esperava, mas tive de fazer um comício. Isso não me passara pela cabeça. Mas o negócio foi de tal violência, que eu ia saltar pra briga com 1.200 pessoas quando o elenco todo, que era numeroso, me agarrou, se pendurou no meu pescoço. A Araci dava soluços. Foi uma coisa inacreditável.

Eu não sou valente, não sou heroico, mas mesmo o maior dos pusilânimes tem seu instante de Joana D'Arc. Naquele momento, quando ouvi a vaia, me deu uma ira santa, uma ira sagrada, e eu, calmamente, ia descer do palco para me embolar numa luta corporal...

Foi aí que o Hélio, interrogado pela reportagem, disse: "Eu sou amigo pessoal do autor"; o Daniel Caetano disse: "Genial"; o Millôr Fernandes: "Detestável"; foi uma coisa linda. Eu considero aquele um dos melhores momentos de minha vida teatral.

O dr. Alceu escreveu dois artigos, dizendo que a peça começava a ser abjeta no título, quer dizer essa misericórdia, essa bondade, essa compaixão do título ele acha tratar-se de uma abjeção. É um católico que não conhece o perdão.

SENHORA DOS AFOGADOS TAMBÉM FOI VAIADA NA ESTREIA, E TAMbém considerei fabuloso. Faz parte do teatro desagradável, das peças desagradáveis. Pois a partir de *Álbum de família*, enveredei por um caminho que poderia me levar a qualquer destino, menos ao êxito.

O mau gosto é uma das contribuições decisivas do meu teatro. Quando fiz *Senhora dos afogados*, a única pessoa que não se horrorizou com o eczema de uma personagem foi Gilberto Freyre. Bibi Ferreira, que montou a peça, achava horrível.

SENHORA DOS AFOGADOS, ANJO NEGRO, ÁLBUM DE FAMÍLIA, DOROteia são peças que não tiveram ainda a sua vez. *Vestido de noiva* atrapalhou pra burro. As pessoas admiram *Vestido de noiva* e ficam quites com a inteligência e o bom gosto.

Essas outras peças eram problemas críticos. O crítico não quer nada com problema. Minha amiga pessoal Bárbara Heliodora escreve há trinta anos sobre Shakespeare porque há uma biblioteca sobre ele e se faz outra, tirada da anterior.

Assim sucede na vida intelectual do país. Acham Nelson Rodrigues um brasileiro que vem escrever obscenidades, dizer palavrões. Nos primeiros quinze anos não escrevi um palavrão, e todo o mundo ia para casa certo de ter ouvido trezentos.

EU GOSTO QUE EXERÇAM PRESSÃO, ME PEÇAM TEXTOS, PORQUE eu fico levando em conta os interesses profissionais da atriz. E levando em conta a carreira da companhia — o repertório é um problema grave.

De qualquer maneira, sou um nome, um certo nome, então eu fico com vontade de atender, sou um camarada que gosta de dizer "sim" e não vou dizer "não", por isso é que eu fujo pra burro.

Fernanda Montenegro passou oito meses telefonando para mim para eu escrever uma peça. Achei linda a obstinação da "musa sereníssima". Ela achava que era inútil, mas insistia. Fiquei deslumbrado quando fiz a peça. Estava cumprindo minha palavra. Eu subi no meu próprio conceito quando entreguei à Fernanda *O beijo no asfalto.*

No caso da Fernanda, tocava o telefone no fundo da redação, lá onde há o negócio da polícia, e esse telefone absolutamente insistente devia ser de uma pessoa inteiramente sem compromisso, então eu ia atender e era ela, e eu aí ficava inteiramente em delírio.

Ficava indefeso, porque eu achava, em primeiro lugar, que ela merecia um prêmio. Isso me dava assim uma ternura piedosa pela Fernanda.

"Ai, meu Deus do céu", pensava comigo, "não mereço tanto, essa insistência, esse cuidado, esse empenho". E, finalmente, comecei a fazer a peça.

Eu escrevo rápido, a história é começar. Tenho mil peças, milhares de personagens. Nada me falta. É só fazer. Agora, tive problemas de saúde. Eu começava a escrever à meia-noite e ia até de manhã. Eu nunca dizia que tinha feito *Vestido de noiva* tão rápido, senão ia me desmoralizar. Eu dizia que demorava seis meses para escrever uma peça, abismado com meu cinismo.

EU SAÍ DA *ÚLTIMA HORA* POR CAUSA D'*O BEIJO NO ASFALTO*. FUI AO Samuel e disse que tinha escrito uma peça onde entrava a *Última Hora* e achava bom ele ler. Ele disse que não precisava ler. Então fui a um assessor imediato de Samuel que leu e disse que era formidável. Mas, quando eles viram a peça no palco, caíram em pânico profundo. Então quiseram que eu censurasse. Eu disse que não desceria a esse ponto de censurar a minha própria peça. Eu tinha mostrado a eles justamente para que pudessem tirar algum nome etc. Mas, depois do texto conhecido, eu não ia cortar nada, então saí da *Última Hora.*

Mudei para melhor porque três ou quatro dias depois estava ganhando muito mais, estava fazendo mais sucesso, pelo menos tanto sucesso quanto.

Fui da *Última Hora* para *O Globo*. Voltei a *O Globo*.

Comecei "À sombra das chuteiras imortais", uma seção em que podia criar personagens como o Sobrenatural de Almeida.

O BEIJO NO ASFALTO É A HISTÓRIA DO AMOR DERROTADO.

Todo amor é a história de uma derrota, porque o homem, há milênios, ama errado. Ainda falta muito tempo para que o homem possa amar certo.

Tudo nos induz ao equívoco do amor. A educação, o ambiente social, familiar, a comodidade nunca nos levam ao amor total. E o amor, até agora, só se tem realizado por acaso.

E é muito perseguido por todos, porque ninguém admite que alguém seja bem-sucedido no amor. É exatamente isto que procurei mostrar em minha peça. Um homem é sacrificado fisicamente porque teve um ato de amor puro, na hora da morte.

Escrevi a peça baseado num fato que ocorreu com Alfredo Pereira Rêgo, um jornalista que conheci quando eu tinha vinte anos.

Alfredo era uma pessoa muito boa e foi atropelado. Poucos minutos antes de morrer, pediu para que qualquer pessoa o beijasse. Queria morrer sentindo o carinho de um ser humano e por isso quis ser beijado. Podia ser qualquer pessoa, o que lhe importava era o ato do amor.

Pois bem, por ser uma pessoa muito boa, os jornais fizeram escândalo com sua morte. Isto demonstra que o homem é invejoso e egoísta. E minha peça procurou mostrar exatamente isto, um momento de amor e a falta dele, no homem.

DEPOIS, EU FIZ *OTTO LARA RESENDE OU BONITINHA, MAS ORDINÁria*, peça que eu considero muito significativa.

Todos me perguntam: "Por que Otto Lara Resende?". Geralmente, só os mortos e, ainda assim, só os defuntos monumentais são títulos de peça: Júlio César, Ricardo III, Napoleão. E, no entanto, a minha tragédia carioca tem o nome do vivíssimo e contemporâneo Otto Lara Resende.

Eu explico. Cada dramaturgo carrega o seu César, o seu Ricardo. O meu é, justamente, o mineiro de São João del-Rei, Otto Lara Resende. Pode-se ainda perguntar: "Que feitos, ou que livros, ou mesmo que crimes teria cometido o meu amigo capazes de justificar uma promoção assim desvairada?".

De fato, o Otto ainda não nos deu nenhum *Guerra e paz*. Publicou apenas dois volumes e vem aí um terceiro. *O retrato na gaveta*, que é uma pequena e irretocável obra-prima. Os despeitados poderão rosnar, com ácida objetividade: "É pouco!". Realmente, três livros não são precisamente uma biblioteca.

Mas aí é que está: autor sem livros, ou de poucos livros, ele tornou-se famosíssimo. O sujeito não entra num boteco, numa farmácia, num salão, sem tropeçar no seu nome. Em casa, ele tem uma visitação de morto oficial. Há toda uma geração mineira atrelada à sua figura. Outro dia, esbarrei num bêbado imundo. Resmungava qualquer outra coisa. Era o nome de Otto que escorria do seu lábio como uma baba.

No caso de meu amigo, a glória antecipou-se à obra, o mito antecipou-se ao homem. Um vago cumprimento seu é um impacto, como se ele estivesse inaugurando o bom-dia. Outros dizem o nome Otto, de olhos vidrados, como se balbuciassem Ave Maria. E qualquer dia desses, o Brasil há de acordar com um Tolstói à ilharga. Esse Tolstói, ou Flaubert, será o Otto.

Para muitos, o título de minha peça cria o problema do ridículo. Jamais. Só os lorpas, os pascácios, os bovinos é que têm o pânico do ridículo.

O sujeito que não resiste, ou não sobrevive ao ridículo — está liquidado.

O exemplo do diabo não me deixa mentir. O Príncipe das Trevas só passou a ser levado a sério quando virou piada. Foi o ridículo que deu a Satã a sua importância atual. Por outro lado, ninguém consegue ser herói, ou santo, ou anjo, sem um mínimo de grotesco.

O que se dá com o nome de minha peça é a irritação da vaidade ferida. No fundo, o homem em geral, e cada amigo de Otto em particular, tem a vocação do título e gostaria de ser título. Andei mesmo com vontade de chamar minha peça assim: Otto Lara Resende ou Fernando Sabino ou ainda Cláudio Mello e Souza.

Perguntam muito se meu amigo é personagem, não é, mas toda a minha tragédia está fundada numa de suas frases mais felizes.

Certa vez, num sarau de grã-finos, ele disse o seguinte: "O mineiro só é solidário no câncer". Só. Nem uma palavra a mais, nem uma palavra a menos.

E o curioso, ou humilhante, é que ele tem esses achados com uma facilidade verbal assombrosa. Todos nós, testemunhas da frase, saímos num deslumbramento alvar. Uns queriam ver, ali, uma verdade estadual, inapelável e eterna. Outros afirmavam que a frase de Otto é mais importante do que *Os sertões*, de Euclides da Cunha. Os mais espessos não sabem, até hoje, o que é o dito do Otto: se piada torpe ou fina sociologia. Mas há mineiros, como o Hélio Pellegrino, o Paulinho Mendes Campos que afirmam, com uma certeza triunfal: "É isso mesmo!". Eu diria ainda que a frase é a grande personagem, a Isolda, a Joana D'Arc da minha peça.

Quanto à obra em si, vários juram que é neurótica. Realmente, há, em *Otto Lara Resende*, alguns momentos que justificam essa impressão.

Por exemplo: dois namorados da minha tragédia instalam o seu idílio num túmulo vazio. Alguém dirá com uma boquinha de nojo: "Mórbido!". Exato. E por que não? Desde o paraíso, com efeito, que sucede o seguinte: quem ama traz em si o apelo da morte. É o sonho, uma nostalgia e, numa palavra, é a vontade de morrer com o ser amado.

Por que repudiar a morte, se ela está em nós, tão em nós, tão docemente em nós?

O sujeito que nasce já começa a morrer.

Por outro lado, nada de falar mal dos neuróticos. Diante de um mundo que fracassou, o homem do nosso tempo tem que fazer a escolha: ou a angústia ou a abjeção. Hiroshima tornou nossa alegria hedionda. Só os canalhas têm a sanidade do passarinho.

DIARIAMENTE, EU LANCHAVA NO ALVADIA. A PARTIR DE CERTO momento e durante uma semana, passei a sentir uma euforia completa, um inexplicável bem-estar físico. Surpreso, procurei explicar-me o fenômeno, até que seis ou sete dias depois descobri que a satisfação, a felicidade, cuja origem desconhecia, eram provocadas pela música de Chopin, fundo sonoro do filme *À noite sonhamos*, na ocasião exibido no Império. Creio ter nascido aí o desejo de transpor a experiência pessoal para o palco, atingir no teatro resultado semelhante: o espectador, sem saber como e por quê, sentiria profunda tensão e prazer estéticos, mesmo sem compreender a peça, nos elementos de lucidez e consciência. Assim surgiu *Valsa nº 6*, que eu fiz para minha irmã. É um parêntesis, uma coisa lírica, com aquele objetivo determinado.

Valsa nº 6 é menos parecida com outro monólogo do que uma máquina de escrever com uma máquina de costura.

Coloquei uma morta em cena porque não vejo obrigação para que uma personagem seja viva. Para o efeito dramático, essa premissa não quer dizer nada. Achei, sempre, que um dos problemas práticos do teatro é o excesso de personagens. Entendo, no caso, por excesso, mais de uma. Pensei, por isso, há muito tempo, na possibilidade de tal simplificação e despojamento, que o espetáculo se concentrasse num único intérprete. Um intérprete múltiplo, síntese não só da parte humana como do próprio décor e dos outros valores da encenação. Uma pessoa individuada — substancialmente ela própria — e ao mesmo tempo uma cidade inteira, nos seus ambientes, sua feição psicológica e humana.

A juventude, sobretudo na fronteira entre a meninice e a adolescência, é de integral tragicidade. Nunca uma criatura é tão trágica como nessa fase de transição.

DOROTEIA É UMA PEÇA QUE DERRUBA QUALQUER DIRETOR, DER-rubou, inclusive, o Ziembinski. Foi uma peça que ninguém entendeu na época, e o Ziembinski pegou o delírio que era o texto e pôs outro delírio que era a encenação e, um dia, eu estava nos bastidores e vi a reação do público.

Acabou o primeiro ato e o nosso amigo puxou a corda e esperou as palmas para fechar. Aí ficou esperando. Um silêncio total: deve ter pensado, talvez, que tivesse perdido a noção de duração de tempo, ele então ficou esperando ainda e nem um suspiro da plateia. Estavam o elenco e a plateia olhando um para o outro, e o cara não descia o pano, e o elenco furioso.

Finalmente, o cara abaixou o pano — nem uma palma, não houve um sopro, foi o maior silêncio que já se fez na Terra, como se não tivesse ninguém na plateia.

Aí fiquei esperando furiosíssimo o segundo ato. No segundo ato, abriu o pano e outra vez ninguém suspirou na plateia. Devia haver um barulho de alguém se mexendo na cadeira, mas não houve nada, o sujeito nem se mexeu para não fazer uma concessão ao ruído. Daí a pouco, o pessoal assombrado, o primeiro e o segundo, ainda vá lá, mas o terceiro ato todos aplaudem, isto é automático, o sujeito aplaude o terceiro. Então abriu o pano para o terceiro ato, e eu agora estava disposto a esperar até os aplausos, mas não veio um aplauso, não veio um suspiro, não veio um assobio, não veio nada, não veio um rumor de cadeira, ninguém se levantou nem nada, estava todo o mundo parado, olhando. Isso foi *Doroteia*.

Foi a única vez que o automatismo do aplauso não funcionou em um teatro. O silêncio foi total até mesmo no fim da peça.

A *Doroteia*, a rigor, era uma peça inédita. Eu acho que a peça devia ser feita na linha realista, todo mundo se movendo como todo o mundo, sem nenhuma estilização do cenário, então aquela substância, aquela deformação do texto, emanando só do texto, o que seria muito mais válido.

66

SEI QUE *A ÚLTIMA VIRGEM* (*OS SETE GATINHOS*) É UMA PEÇA ATROZ.

Há muito tempo que eu tenho uma visão do teatro, em termos de atrocidade. Um *vaudeville* nunca me fez rir, o contrário da reação que provoca em todo o mundo. Os seus equívocos hilariantes me faziam apenas pensar nas experiências mais cruéis de minha vida.

Um dia, descobri, de súbito, uma verdade, tão velha como o próprio teatro: a peça feita para provocar risos é rigorosamente absurda e rigorosamente imoral. Tão absurda e imoral como seria hoje uma missa cômica, numa igreja onde os santos equilibram laranjas no nariz, São Francisco de Assis engole espadas e os coroinhas fumam maconha.

Fazer rir no teatro é o mesmo que transformar uma catedral em gafieira. A boa peça é aquela que faz a plateia sofrer. Lembro de Guimarães Rosa, que aconselhava aos autores mais jovens pirâmides e não biscoitos.

É certo que também se pode fazer pirâmides de confeitaria, mas o que o ficcionista queria dizer, obviamente, é que nós temos que escrever como quem morre. Tudo tem que ter uma dimensão furiosa.

Bem sei que no Rio e em São Paulo existem colégios religiosos que dão educação sexual a partir dos quatro anos de idade. Só não sei como não começam antes, nos berçários. Eu, menos progressista e pra frente, não estou interessado em que o público infantil veja um texto como *A última virgem*. O texto que São Paulo vai conhecer não é uma pirueta ágil e preliminar, que se faz antes do salto-mortal. Faço dela, como autor, meu salto-mortal dramático. Eis o que pergunto: como São Paulo receberá minha peça?

O primeiro equívoco começa com a direção. Para desgraça minha e lamentável coincidência, as minhas peças caíram em mãos de diretores inteligentes. Aprendi a ter medo dos grandes diretores. Eles são de uma imodéstia tal que já seria irrespirável num Miguel Ângelo, num Leonardo, num Goethe. Metem cacos em qualquer Shakespeare e reescrevem qualquer Sófocles. O José Celso, por exemplo, provoca em mim um verdadeiro temor físico. Como

67

é inteligente, como é novo, como é original. *A última virgem* será dirigida também por um diretor inteligente. Vem daí toda a minha amarga perplexidade. Teria preferido um diretor de profunda imbecilidade ao talento de Jô Soares, que me esmaga, tanto ou mais que o seu peso material.

Não sei se entendo São Paulo, não sei se São Paulo me entende, nem sei qual dos dois entende menos o outro. Pode parecer que esteja exagerando, mas nem tanto, nem tanto. Um dia, deixei escapar essa frase fatal: "A pior solidão é a companhia de um paulista". Dias depois, encontro a senhora Clô Prado, que tem uma experiência nata e hereditária de São Paulo, que me diz: "Como isto é verdadeiro!". Só faltando abençoar-me por ter escrito tamanha verdade. Mas nem todos os paulistas acharam assim. Muitos viram nas minhas palavras uma injúria total. De outra feita, tentando reparar a minha primeira gafe, escrevi imprudentemente que São Paulo não tem grã-finas. E sem saber cometia uma segunda gafe, ainda pior que a primeira e com o agravante da reincidência. Parte do público paulista entendeu que eu me manifestava dessa forma por fé cívica ou obtusidade córnea. E, no entanto, vejam vocês, eu estava em ambas as ocasiões elogiando o povo paulista. O que pergunto é se o povo paulista esqueceu estas duas frases. Com minha funesta vocação para as inconveniências mais deslavadas, como receberá a plateia paulistana o meu original?

COM A CENSURA DA PEÇA *TODA NUDEZ SERÁ CASTIGADA*, EU ME senti mais só do que um orador de comício de 1º de maio, no Campo de São Cristóvão.

Sonhei com um manifesto encabeçado com as assinaturas de d. Hélder e do dr. Alceu Amoroso Lima. Até o momento não tenho a mais remota informação de que ele exista. Esperei para ver se, em minha honra, a classe teatral — que faz comício por um cano furado ou entupido — arrumava pretexto para uma oratória furibunda. Também esse comício continua mudo, surdo e cego.

Mas me restava uma última esperança: uma passeata. Estudantes levariam cartazes dando "Morra a censura". As mortes não seriam mortes, porque a Censura merece muito mais que a morte no idioma pátrio. Seria "Muerte a la censura".

A Censura chamou de indecente minha peça, tão pura quanto *Branca de Neve*, *Chapeuzinho Vermelho* ou *O Pequeno Polegar*.

Todas as minhas peças enfrentaram problemas para a sua liberação. Assim foi com a primeira, *A mulher sem pecado*, e com *Toda nudez será castigada*. Dez das minhas peças foram interditadas e posteriormente liberadas sem cortes.

Só vejo três hipóteses para justificar a censura: obscuridade, má-fé ocular ou ambas. A censura, que ainda vive, começou a apodrecer em vida.

Minha peça tem um moralismo agressivo. Nos meus textos, o desejo é triste, a volúpia é trágica e o crime é o próprio inferno. O pobre espectador vai para casa apavorado com todos os seus pecados passados, presentes e futuros.

Numa época em que a maioria se comporta sexualmente como vira-latas, eu transformo um simples beijo numa abjeção eterna. Se há um brasileiro maníaco pela pureza, esse brasileiro sou eu.

Creio que, na maioria dos casos, a princípio, os meus elencos tinham horror dos meus textos. Houve um debate e lá pelas tantas alguém disse: o senhor é um tarado. No dia seguinte, saiu na manchete do *Diário da Noite*: "Nelson Rodrigues é um tarado" etc. etc.

Era mais ou menos essa a opinião do meu elenco, tanto que cinco atrizes se recusaram a fazer o papel da Geni, se recusaram a fazer, e eu estava esperando e digo: "Bom, não vamos poder representar essa peça por falta de mulher". Eu estava pensando até em aumentar, seduzir a possível ou provável Geni com dinheiro, com um ordenado maior, com uma gaita extra etc., que fizesse a atriz passar por cima de seus escrúpulos nobilíssimos.

Pra você ver, agora a mulher, depois de alguns milênios de servidão, conseguiu, finalmente, a sua liberdade e, pelo que se vê, foi unicamente a liberdade de dizer palavrão. A grande conquista da mulher foi o palavrão.

Exatamente quarenta anos antes do Paraíso, já a mulher não dizia um palavrão. Nem aquele altamente familiar. De forma que eu devia estar de bem com todo o mundo, inclusive com essas coisas. Mas não. Todo o mundo tem resistência, a nossa *Toda nudez será castigada* foi interditada em várias cidades.

No filme *Toda nudez*, cortaram uma das minhas cenas prediletas, em toda a minha obra, de cinco minutos, uma cena que eu gosto pra burro, que acho que é boa, funciona maravilhosamente dentro da peça, e a Censura vai e corta de fio a pavio uma cena que fez tanto sucesso na Europa. É quando o delegado de polícia diz: "Olha, tinha aí um cego, curraram o cego". Isso, na França, fez um sucesso incrível. Quando disseram lá que curraram o cego, as pernas subiam pelas paredes. Acharam a curra do cego uma delícia. Muita gente acha mórbido.

A crítica paulista, em *Bonitinha, mas ordinária*, meteu o pau na minha morbidez. São Paulo é uma coisa incrível, e falaram numa crítica que eu estava ultrapassado. Fui obrigado a responder, você acha que uma curra promovida, empresada, desejada pela própria vítima, isso não é nada? E os caras acharam que não era nada. De forma que, no duro, no duro, qualquer coisa que eu faço é escândalo.

O que me chateia, o que realmente me deprime nesse escândalo, é uma incompreensão tão bovina, tão cavalar, o sujeito se escandalizar com a minha morbidez. Uma das coisas que eu considero mais válidas, que mais dá dimensão ao meu diálogo e todo o mundo fica de preconceito contra essa morbidez.

EU NÃO IA ESCREVER *ANTI-NELSON RODRIGUES*. UM DIA, PORÉM, A jovem atriz Neila Tavares moveu-me um cerco pessoal e telefônico: queria uma peça minha e perseguiu-me durante seis meses, com uma obstinação tão obsessiva que eu não tive outro jeito a não ser fazer-lhe a vontade.

Comecei a escrever e toda a minha nostalgia de teatro explodiu. Eu não exagero quando digo que tenho dez mil peças na cabeça. É um mar de histórias, é uma floresta de imagens, de tipos, de figuras. Na rua, passo e vejo uma mulher, vejo um homem e penso: esse é um belo tipo, e começo a imaginar uma história para um vago transeunte. Mas a minha escravidão profissional tem sido tão feroz que só agora rompo um silêncio de dez anos. É a minha 16ª estreia, mas sinto uma tensão dionisíaca como se fosse a primeira. Sinto como se estivesse começando, e esses dez anos são a longa viagem de volta. Espero trabalhar agora sem interromper o meu idílio com o teatro. Até que a morte nos separe.

Não é exagero promocional dizer que o *Anti-Nelson Rodrigues* é uma peça escandalosamente romântica. É — sim — romântica de maneira despudorada. Isso o espectador perceberá a olho nu.

Joice é testemunha de Jeová como explicação de sua virgindade. Uma moça sem experiência sexual é cada vez mais rara. Eu tenho um amigo de cinquenta e poucos anos que outro dia foi agredido a beijos na boca por uma menina de onze anos. Parece incrível, mas é verdade.

Agora que a vi no palco em ensaios sucessivos, realizada cenicamente, sinto que ela teima em ser Nelson Rodrigues.

Há no texto uma pungência, uma amargura, uma crueldade e, ao mesmo tempo, uma compaixão quase insuportáveis. O grande elemento novo de *Anti-Nelson Rodrigues* é, a meu ver, a profunda e dilacerada piedade que nem sempre as outras peças extrovertem. Realmente, nunca tive tanta pena de meus personagens.

Há um momento em que Oswaldinho, possesso, ouve de Joice: "Você ainda vai beijar o chão que seu pai pisou".

Aí está toda a chave do personagem e da própria peça. Isso quer dizer que há em cada um dos homens e das mulheres que sofrem no texto uma violenta nostalgia de pureza. É como se eu dissesse: o degradado absoluto não existe e em cada um de nós há um santo enterrado como sapo de macumba. Esse santo pode explodir a qualquer momento.

No fim, o espectador sai certo de que Oswaldinho é um falso canalha. O seu momento final é esse instante de São Francisco de Assis que todos nós levamos nas entranhas.

Eu me repito com o maior despudor, usando uma metáfora cento e cinquenta vezes e mantendo as mesmas ações e situações em várias peças, romances e crônicas. Por isso, é possível descobrir no *Anti-Nelson Rodrigues* a marca de outros textos teatrais que há trinta e poucos anos venho escrevendo.

Eu não vejo relação entre *Bonitinha* e *Anti-Nelson Rodrigues*. Ou, por outra, a única relação é o cheque.

Um momento: já mudei de opinião.

Há uma relação, sim, no valor simbólico dos dois cheques. Ambos precisavam ser picados para que duas almas se salvassem. É a velha história da pureza que existe, mesmo no mais desgraçado dos seres.

A partir do momento em que Edgard, de *Bonitinha*, rasga o cheque, começa a sua ressurreição.

A partir do momento em que rasga o cheque, Joice salva a si mesma e salva Oswaldinho.

A partir desse momento, ele está purificado de corpo e alma e começa para os dois um amor que será uma cotidiana ressurreição. Amor que continuará para além da vida e para além da morte.

Há várias coisas na peça — posso confessá-lo — antediluvianas, como a relação misteriosa (e não tão misteriosa) de Oswaldinho com Tereza (sua mãe).

É, se assim posso dizer, também antediluviano o ódio do filho pelo pai e que o pai retribui, sem prejuízo do amor que, apesar de tudo, tem pelo filho — ódio que, afinal de contas, nada mais é do que o disfarce do amor.

A *SERPENTE* É UMA PEÇA QUE ESTAVA PARA SE REALIZAR HÁ MUITO mais tempo.

Um autor sempre tem mais que uma peça na cabeça. Fica adiando esta ou aquela e a ordem cronológica acaba não sendo tão cronológica assim. É mais um arbítrio do autor. Quando eu fiz *Vestido de noiva*, já tinha *A serpente* na cabeça. Optei pelo *Vestido*, que foi decisivo na minha carreira teatral. Podia ter feito *A serpente* logo depois, mas fiz *Álbum de família*. Depois saiu *Anjo negro*.

O interesse por *A serpente* sempre foi profundíssimo.

O homem nasce, evidentemente, contra a vontade. Como diz o homem da esquina, ninguém o consultou. É um impasse tremendo pelo fato de ter nascido. Por isso há suicídios natos, o suicida vocacional. O suicida não depende de fatos nem de motivos. Depende desta nostalgia, desta vontade de retornar às suas raízes mais retorcidas.

Uma vez eu escrevi uma coisa, criticada por uns e elogiada por outros. Eu disse que Deus prefere o suicida.

Os idiotas da objetividade começam por negar Deus e o suicida. Mas a verdade é que há homens que querem morrer e sobretudo morrer por serem amados.

Isto é *A serpente*. Todos sentem o apelo da morte, menos a salubérrima crioula das ventas triunfais.

Toda nudez será castigada era para Fernanda Montenegro representar no teatro em vez da Cleyde Yáconis. Dei para ler o primeiro ato e ela não gostou, Sérgio Britto não gostou, Fernando Torres, que vai ser o diretor d'*A serpente*, não gostou. A peça lida é uma coisa e representada é outra.

A arte está cheia de equívocos. Por isso, se ela não gostar d'*A serpente*, não vou ficar espantado. Aí vamos combinar tudo.

Ela também está com uma peça que é um sucesso danado. Tem artista que passa a vida toda sem ter uma bilheteria dessas. Não se pode sacrificar a que está dando certo para meter outra. Se eu tivesse dezoito anos, podia esperar por dez, mas chega uma fase na vida da gente em que se sente o ruído do tempo passando, aquela coisa fluvial passando. Estou com 65 anos e se não puder ser agora vamos ter que negociar. O Fernando Torres vai ser o diretor e fica com o resto, escolhe os outros quatro artistas, ou os cinco, se a Fernanda não puder.

O título é porque a serpente é um símbolo paradisíaco. É um símbolo muito rico. Pode-se dizer que a peça são fatos e visões da minha vida, completados por minha imaginação. Completados pelos artistas.

Nas outras peças acontecia o contrário. Usava os fatos para ilustrar uma história imaginada por mim.

Como já disse, o pacto de morte e o suicídio acompanham-me desde a infância, e como é esta a ideia básica d'*A serpente*, as alterações que ela sofreu durante anos de espera foram somente na forma. Enriqueci os diálogos, acrescentei detalhes, mas a ideia básica é a mesma, inclusive de apenas um ato e cinco personagens.

Tenho notado que acontece, com as minhas peças, uma coisa muito interessante: geralmente, elas desagradam aos cretinos de ambos os sexos.

NUNCA FALSIFIQUEI NAS MINHAS PEÇAS. GRAÇAS A MUITO SOFRImento, a toda uma experiência de vida tenebrosa, sobretudo em tragédias familiares, eu aprendi a ser o máximo possível de mim mesmo, porque as pessoas falsificam pra burro. O homem é um ator para os outros e sobretudo para si mesmo. O canalha nunca se acha canalha, se acha de uma bondade inexcedível. Há os autopunitivos, mas a maioria consegue fazer de si mesmo uma estátua. Todo contínuo, todo balconista, toda vendedora de cigarros acha que sua própria vida é um romance. Eu consegui a duras penas, já na reta final, ser tão autêntico quanto possível.

Meu teatro é de pouquíssimos grã-finos. O que eu gosto, e o que me fascina, ou é a classe muito baixa, ou então a classe média. A classe média é formidável. Quando escrevo sobre ela, me debruço sobre ela nas minhas varandas, vejo como é humana, como é interessante. É classe que mata e se mata.

Um grã-fino precisa de vinte e cinco mil estímulos para se matar. Só mata em último caso.

A classe média tem mais heroísmo. Conforme for o caso, ela chega lá e mata com muito mais fidelidade, e eu admiro o homem que, a certa altura, acorda com uma brutal nostalgia de morte.

Na minha infância profunda o pacto de morte estava em seu esplendor e três casos me marcaram profundamente, me tornaram fascinado pelo suicídio.

Em Aldeia Campista, me lembro que uma vizinha, santa mulher, traía seu marido.

O marido recebeu uma carta anônima contando tudo com a máxima fidelidade de detalhes. Você sabe que a carta anônima é a mais honesta das cartas, porque o sujeito diz exatamente o que quer. Não é obrigado a achar o outro ilustríssimo senhor.

Bom, mas aí o marido resolveu matar a mulher e matou-a sem ser diretamente. Obrigou-a a tomar veneno. Aquilo me deu uma sensação de espanto e beleza. Achei belo ela se estrebuchar com o marido ali, acompanhando sua morte.

Outro caso foi de dois jovens namorados, que fizeram um pacto de morte de se envenenar com um guaraná num botequim. O rapaz serviu dois copos, colocou formicida nos dois, mas a menina bebeu antes. Ele saiu correndo e pegou um bonde que estava passando em frente. Este não tinha nostalgia de morte, não.

O terceiro foi de uma menina que adorava o pai e já detestava a mãe, como se disputasse com ela a questão do pai. Descobriu que a mãe o traía e obrigou-a a se envenenar. "Se você não beber, eu bebo", ela disse, e a mãe, vendo nos olhos dela o ódio que havia de perseguir até a consumação dos séculos, bebeu e caiu ali, aos pés da filha. Achei tudo isso lindo, como acho qualquer morte, mesmo a natural, sem tragédia trágica.

O AUTOR DRAMÁTICO NÃO EXISTE COMO FENÔMENO DE CRIAÇÃO individual. O autor é apenas um vago coautor de sua própria peça. Esta é feita pelo seu autor convencional e por cada um dos seus espectadores de todas as noites e de todas as vesperais. A obra de arte tem que ser uma experiência muito sofrida, não só pelo autor, diretor e intérpretes como também pela plateia. Diante de todas as atrocidades de *Álbum de família* o espectador é levado a fazer ele próprio um julgamento de sua vida, dos seus valores falsos ou autênticos. Aí está uma consequência moral da peça neste tipo de emoção, de angústia que ela causa diante de todas as atrocidades de sua história.

Ninguém admitiria uma peça teatral que não quisesse dizer absolutamente nada. E tropeçamos, então, na famosa "mensagem", que é, justamente, uma das mais estúpidas, uma das mais obtusas fixações da história teatral. Exigimos que a tragédia, o drama, a comédia e a farsa "pensem". Não nos bastam a excitação específica, o tipo de emoção, de plenitude, do espasmo criador que o teatro desencadeia em nós. E conferimos a tudo que acontece no palco, desde a cadeira derrubada à morte do herói, um sentido, uma intenção, um desígnio sinistro. Está aí, a meu ver, um equívoco medonho.

A rigor, quem "pensa", quem põe a "mensagem" na peça, é mesmo a plateia. O gângster há de acomodar a "mensagem" à ética do gangsterismo. Se é ladrão de galinhas ou caixa de banco, ou pai de família, a mesma coisa. Em suma: a peça transforma-se numa simples e vil projeção do espectador. O bandido que ouve uma sinfonia de Beethoven há de sentir-se confortado e absolvido pela música. Eu falei em equívoco e já retifico: a arte deve permitir, a todos nós, essa participação pessoal e criadora.

Nego a obra shakespeariana como teatro puro. Pois o que é Otelo, ou Romeu, ou Macbeth, ou Julieta, senão o resultado da colaboração de Shakespeare mesmo com os quatrocentos Shakespeares, de ambos os sexos?

A grande tragédia do teatro é depender do público. O dramaturgo, no entanto, só realiza sua obra na medida em que se liberta do público. O romancista e o poeta levam, por isso, grande vantagem sobre o autor teatral. Essa é a minha convicção inabalável.

O teatro ainda não nasceu. É um gênero atrasado de algumas centenas de anos asfixiado por mil preconceitos, que castram irremediavelmente o ímpeto criador do dramaturgo.

O teatro está na pré-história. É uma arte que admite a coautoria da plateia. Duzentas senhoras roendo pipocas estão de parceria com Shakespeare, Ibsen, Sófocles e Gastão Tojeiro.

O romancista pode imaginar e escrever tudo que entenda, tudo que seja essencial à sua obra é passível de ser convertido em romance. O mesmo sucede com o poeta. O autor não está preso, amarrado, limitado.

Por isso é que o teatro está ainda na pré-história.

Seria o cúmulo do absurdo, seria um escândalo de ousadia pôr em cena uma tragédia, um personagem defecando com toda a dignidade. O autor que ousasse tanto, ainda que obedecendo à necessidade genuína de sua criação, seria apedrejado. No romance, porém, isso já não constitui novidade, é perfeitamente aceitável. O teatro não terá se libertado enquanto não vencer esses preconceitos.

O público é o número, é o ajuntamento, é a soma de indivíduos. É, portanto, a anulação do bom espectador, do único possível e desejável, aquele que esteja em solidão. Somente sozinho o homem é capaz de compreender, de receber uma obra com inteligência e sensibilidade. Nunca houve inteligência coletiva, trezentas pessoas reunidas constituem um bloco monolítico de incompreensão, frequentemente de estupidez.

É preciso, antes de tudo, eliminar o público. Creio firmemente que os próprios intérpretes, ou mesmo todos os elementos da representação, diretor, cenógrafo, atores etc., toda essa gente não faz mais que obstruir a obra do dramaturgo e desfigurar-lhe a realidade autêntica.

A vantagem do leitor é exatamente esta, estar só. O autor precisa dessa solidão do leitor para atingi-lo.

É tão idiota dizer que o teatro precisa, necessariamente, de ser representado, como é imbecil dizer que o poema, para alcançar o leitor, precisa ser visualizado materialmente. O leitor do romance quando lê que está chovendo não exige, para compreensão da cena, que lhe derramem um balde de água pela cabeça abaixo! O teatro dispensa o espectador.

A MORTE É SOLÚVEL, PORQUE DESEMBOCA NA ETERNIDADE.

O AMOR É INSOLÚVEL.

Nelson Rodrigues

Suponhamos que um autor ponha numa peça todo um exército. O leitor consegue, pela simples sugestão, imaginar o que deseja o dramaturgo. Transposta a peça para o palco, não teríamos um exército, mas um carnaval, um rancho em cena! Nunca o palco há de comportar uma batalha, que cabe no texto com uma simples indicação: batalha. Eis porque o espetáculo é sempre, inevitavelmente, uma redução, uma violentação, um empobrecimento. Em última análise, é uma castração.

Antes de mais nada, é preciso esquecer o amontoado de dogmas falsos, de falsas verdades a que ele está amarrado. As ideias feitas, desde o preconceito injustificável das "três paredes", conspiram contra o teatro.

Se o teatro está na sua pré-história, é pré-histórica, logicamente, a crítica teatral.

O teatro, não tenha dúvida, exerce um estranho poder de cretinização, mesmo sobre as melhores inteligências. Isto, em parte, porque todo mundo, fatalmente, se baseia no acúmulo de experiências negativas.

Os teóricos só têm feito mal ao teatro, a começar pelo malfeitor Aristóteles. Que dizer dos outros que vieram depois?

Formam (os diretores, os atores) com o público o triângulo da *cafetinização* do teatro. São os responsáveis pela perda de substâncias a que estão sujeitas as obras teatrais.

Numa única peça fiz relativa concessão: *A mulher sem pecado*, que considero, por isso mesmo, uma obra frustrada.

O êxito de *Vestido de noiva* me desgosta profundamente. Foi um mal-entendido do público, um tecido de equívocos.

Sou hoje absolutamente indiferente ao sucesso ou ao fracasso de qualquer obra minha. É esta a única conquista de quase dez anos de tarimba teatral.

O artista é um louco, como é louco o passarinho, como a estrela é louca, como é louca a flor. É louco, como o louco é amoroso, que vive do seu amor, absorvido egoisticamente no seu amor. O ato criador se basta. É como o homem que realiza o ato sexual, sem pensar em qualquer outra coisa do mundo. O resultado, no entanto, pode ser um filho, a existência de uma outra criatura. Na arte, igualmente, o movimento criador pode implicar resultados posteriores, mas estes serão sempre alheios ao ato gerador. O artista é indiferente a todo e qualquer resultado que se segue ao ato de criação.

Confesso e proclamo que há mau gosto no meu teatro. Mas me admiro que essa acusação seja levada a sério. Os defeitos são inevitáveis numa obra de arte. São até mesmo necessários. É possível apontar mau gosto na obra de qualquer grande escritor.

Veja o exemplo de Dostoiévski. Os seus livros estão cheios de passagens de mau gosto. A certa altura, no *Crime e castigo*, Raskólnikov cai de joelhos diante de Sônia, num gesto espetacular e desmedido, declarando que não se ajoelhava apenas diante dela, mas diante de todo o sofrimento humano. Se Dostoiévski tivesse a preocupação de evitar o mau gosto, jamais teria produzido um rasgo desse, do mais legítimo estilo novela de rádio. Esse mesmo mau gosto, essa mesma coragem de enfrentá-lo aparecem na obra de qualquer grande escritor. Veja também a obra de Balzac, com passagens capazes de arrepiar os estetas bem-procedidos que dela se aproximem com as mesmas limitações.

O bom gosto deve ser uma virtude de grã-finas em férias, ou de cronistas sociais. Nunca, porém, de um artista, pois é aí, no mais evidente mau gosto, que ele vai buscar a seiva indispensável à sua obra.

Não sou pornográfico. Pelo contrário, me chamo de moralista. O único lugar onde o homem sofre e paga pelos pecados é em minhas peças.

DESDE GAROTO, SOU UM ENFEITIÇADO POR NOMES. AOS SEIS anos, já achava obscuramente que o nome tinha qualquer coisa de misterioso e patético.

Até hoje, ainda acho que o nome é um vaticínio. Parece-me que o atropelado tem o nome próprio para o atropelamento. Se tivesse outro nome, ele não morreria assim. Morreria de outra maneira.

Seria outro o seu destino terreno, outro o seu destino eterno. Daí a minha insistência em certos nomes. O do Leleco, por exemplo, eu acho que não é em vão que um sujeito se chama Leleco. Isso é como que uma predestinação. Por ter esse nome, ele sofre mais ou menos. Não é um apelido; repito — é um destino. Por isso é que em *Anti-Nelson Rodrigues* eu uso o Leleco, que já usara em *Boca de Ouro*, em "A vida como ela é...", no *Asfalto selvagem*, em muitas crônicas e muitos contos. Mesmo que seja com características inteiramente diversas (mas sempre com o mesmo patético).

Eu uso muito as cenas curtas, mas creio que com a necessária densidade. Portanto, o que é curto já o será muito menos. Eu me pergunto: o cinema terá alguma coisa a ver com isso? Acho que, muito mais, alguns versos curtíssimos de Manuel Bandeira. E, depois, cada momento dramático tem sua medida própria. Não pôr uma vírgula a mais nem uma vírgula a menos é a obrigação de qualquer dramaturgo.

Todo autor é autor de um único tema.

Só dois valores existem — permanentes — para o homem: o amor e a morte. Em torno desses dois mistérios, gravita a vida humana. É lógico, pois, que aí vá o artista buscar a matéria para sua criação.

Uma vez eu escrevi que a pior forma de solidão era a companhia do paulista. Um dos meus personagens usa a frase, aplicando-a ao próprio caso. Há milhares de lares onde marido e mulher, dormindo no mesmo leito, comendo na mesma mesa, vivem cada qual uma solidão de Robinson Crusoé sem radinho de pilha.

Gastão, o pai de *Anti-Nelson Rodrigues*, está só, rigorosamente só, ao lado da mulher ou ao lado do filho. É uma solidão que vai fulminá-lo com a morte da moda, que é o enfarte.

Nenhum limite pode ser imposto ao artista, que é livre — libérrimo — tratando seja o que for. O artista é sempre inocente. Nunca poderá ser, assim, pornográfico, por mais escabrosas que sejam as suas histórias. A pornografia exclui a arte e implora numa intenção, numa utilidade (como excitante, como fator lúbrico) que está sempre ausente do espírito do artista, obediente apenas a um misterioso impulso interior. Esse impulso leva, naturalmente, ao Amor, que também é sexo.

Eu tenho apenas dois ou três deslumbramentos com textos teatrais. O primeiro foi *Um inimigo do povo*, de Ibsen, que eu li por acaso. Quando chegou ao final, tive vontade de explodir em soluços, de tanto que aquela beleza me feriu. É essa descoberta vital, fabulosa, do homem estar mais só. Esse final de *Um inimigo do povo* marcou-me para sempre, foi uma das minhas mais deslumbrantes experiências vitais. Outra experiência vital, fabulosa, foi com *Electra*, de Eugene O'Neill. Quando o rapaz compara a mãe dele a uma ilha também me deu vontade de explodir em soluços. Depois disso então, por uma questão de decoro pessoal, passei a ler muito teatro. Li Shakespeare. *Ricardo III*, por exemplo, é uma peça toda cheia de palavras. Quando aquela mulher vem trazendo o cadáver do marido assassinado por Ricardo e ele aparece na sua frente, ela cospe na cara dele. Isto porque amava o marido e tinha realmente horror a Ricardo. E depois vai entregar-se a ele, detrás de uma porta. Aí estava o ser humano, todos nós estamos aí. Shakespeare, eu acho fabuloso todo ele, foi também um clarão que eu tive em minha vida.

O teatro brasileiro, que vem com uma promessa fabulosa, se degradou por causa do teatro político, do teatro ideológico. Não que isto seja defeito, o sujeito pode ser Shakespeare em qualquer ideologia, portanto o teatro político é válido, o ideológico, o espírita, macumbeiro, budista, tudo é válido, mas que seja bom teatro.

Aqui, a nossa querida esquerda faz um péssimo teatro, uma vergonha de teatro. A esquerda, em vez de sair por aí devorando carótidas da burguesia e do capital colonizador, faz *showzinho* e acha que cumpre sua missão revolucionária. *Showzinho* que só a burguesia assiste, gosta pra burro, aplaude pra burro. Paga, porque o pessoal ganha dinheiro para burro, vai para o restaurante jantar e acha que cumpriu sua missão política. E o bacilo de galinheiro está enterrando toda uma geração de autores e diretores, o que eu não sei se será recuperado.

Três sujeitos liquidaram uma geração de autores e diretores no Brasil: Marx, Brecht e José Celso.

Em São Paulo, montaram *Viúva, porém honesta* com os atores distribuindo sem explicação sanduíches e croquetes para espectadores.

O grande diretor teatral deve ser inteiramente imbecil. José Celso destrói com seus defeitos as qualidades do autor.

Oswald de Andrade é de envergonhar o bilheteiro. No *Rei da vela* a plateia só dava sinal de vida quando ouvia os palavrões enxertados por José Celso.

Eu gosto de Plínio Marcos.

Nego o teatro ideológico não por ser ideológico, mas por ser ruim. Há os falsos talentos, há também os falsos cretinos.

O teatro brasileiro vive a época dos falsos cretinos, que são sujeitos que podiam escrever grandes peças, mas fazem peças horrendas porque acham que estão servindo à revolução, ao socialismo.

Uma boa maneira de hoje o sujeito ser intelectual, sem ser poeta, dramaturgo, sem escrever, pensar ou ler, é ser socialista. O sujeito é socialista, se dispensa de tudo mais, não precisa escrever uma frase e vai beber no Castelinho ou no Zeppelin. Está quite com sua missão porque é socialista, marxista de galinheiro.

O moralista protestante que existe em mim está presente em todas as minhas peças, eu sou um moralista feroz.

A QUESTÃO DA CENSURA É UMA QUESTÃO DE IMPROPRIEDADE. O adulto tem o direito de ver tudo, a criança deve ser preservada mas, quando chegar ao estado adulto, deve poder escolher por si o que vai ter como divertimento ou cultura.

No meu caso, realmente não entendo a posição da Censura. O censor interpreta a letra da lei, que diz: deve ser proibido o que induz à violência... Pois bem, então que sejam proibidas as obras que podem induzir à violência ou façam sua apologia. Nos meus textos, os valores são precisos e definidos. O pecado e o horror são apresentados como tal, claramente.

NUNCA FUI ESCRITOR IMORAL. INJUSTA ESTA REPUTAÇÃO QUE ganhei. O que apresento no palco é a pornografia dos outros, a imoralidade dos outros, a frustração dos outros. E muitos não aceitam isto porque se reconhecem nos meus personagens e não porque eu seja imoral.

Em relação ao ser humano, sempre fui um pessimista. Num futuro muito remoto, é possível que o homem atinja a pureza. Por enquanto o ser humano é apenas um projeto sempre adiado. E a culpa disto é a falta de estrutura de vida e, por causa disso, o homem tem feito atrocidades desde que nasceu.

As qualidades que as pessoas não têm e que gostariam de ter e que são encontradas nas outras pessoas, não, isto ninguém perdoa. Mas fico muito satisfeito com isto e gosto muito de críticas, porque demonstra que não sou escritor oficial. Não sou um escritor unânime, porque a unanimidade é uma burrice.

Sou o maior dramaturgo do país, mas qualquer um tem, é claro, o direito de me considerar um imbecil.

COM O SUCESSO DE *VESTIDO DE NOIVA*, FIQUEI INIMIGO PESSOAL de todos os outros autores brasileiros. Passei a escrever coisas que outros assinavam contra outros autores. Eu tinha uma vaidade fe roz. Hoje me apaziguei e estou tranquilo. Posso ser pior que outros autores, mas me sinto diferente. Se eu tivesse que dar um conselho, diria aos mais jovens: não façam literatice.

Aos treze anos, escrevi: "O crepúsculo era uma apoteose de sangue". Hoje é difícil eu cair no pecado da literatice.

Com meu teatro, perdeu-se também o sotaque lisboeta. Leopoldo Fróes tinha esse sotaque. Chaby Pinheiro, que era português, tinha menos sotaque lisboeta do que Fróes.

Tenho uma profundíssima admiração por Eugene O'Neill. Mas, se eu tiver de reconhecer uma influência, acho que ela é de Dostoiévski. Uma influência que quase não se pode chamar de influência, tanto que ninguém diz que ela existe.

Existe em toda a minha obra uma coisa de plasticidade, uma segurança técnica que eu não teria se não fizesse *Meu destino é pecar, Núpcias de fogo, Escravas do amor, Minha vida: autobiografia de Suzana Flag*.

Eu fiz cinicamente a minha falsa biografia. E tudo isso me deu, me equipou com novos recursos técnicos, e eu devo muito a Colette. Inclusive as minhas peças, que têm muito de folhetinesco. O folhetim não deve nada a nada. Ele pode ser bonito, pode ser poético como a obra mais hierática.

Meu teatro tem a simultaneidade do patético e do humorístico.

Do ponto de vista da realização, não há dúvida de que eu me fiz e me dei muito mais à dramaturgia. E estou devendo o romance que não sei se farei, porque eu gosto muito d'*O casamento* e estou quase solitário, pois pouca gente gosta. O que é, aliás, extremamente vantajoso para mim, porque a obra de arte quando nasce, é preciso que ela encontre oposição, que desagrade, irrite. Eu acho isso normal, válido, necessário. Eu considero o elogio unânime, a consagração unânime inteiramente comprometedores. Arnaldo Jabor está filmando *O casamento*, que é da pesada. Ninguém gostou do romance, a não ser eu. Depois comecei a encontrar tresnoitados e fiquei deslumbradíssimo. É uma das minhas obras mais queridas. Jabor vai enfrentar uma batalha sangrenta.

Eu considero o caco, evidentemente, uma volta à pré-história do teatro, porque o caco só se admite como um recuo, o teatro nostalgia, como a TV Globo faz. Então você vai, volta ao Paraíso e faz caco, porque é possível fazer caco.

Agora, se fazem caco em cima das minhas peças, é realmente uma provação só comparável às de Jó, de forma que se insistirem em caco, eu reduzo o meu teatro à leitura que alguém quiser ter em vida. Não deixarei mais as minhas peças serem encenadas.

Aqui, nesse momento, quero fazer, com a maior seriedade, sem nenhuma blague, um elogio do diretor burro, pois um diretor inteligente, ou tido como tal, é um inimigo número um do teatro. É um sujeito que, em primeiro lugar, falsifica a peça, acha que o caco é criatividade, então o pobre ator, que é clinicamente um débil mental, diz o que o diretor quer. Disso eu tenho verdadeiro horror.

Qualquer que seja o caco lançado no palco, qualquer que seja a qualidade desse caco, qualquer que seja a inteligência do ator, e admitindo que o ator seja mais inteligente que o autor, eu nego que o caco seja válido, acho o caco uma ignomínia. Então, é muito simples, o sujeito é um ator que usa caco, alegando que ele é melhor do que o autor.

O nosso amigo Millôr Fernandes diz que, quando ele traduz Shakespeare, melhora sempre. Isso me contaram, eu não o ouvi dizer isso, mas me contaram. Faço essa ressalva, não ouvi. Agora, ninguém tem o direito de pegar o texto alheio e mudar, sobretudo, não sendo autor.

Há uma anedota célebre que tem influído em muita gente, inclusive aqui no Brasil. Foram dizer ao Tennessee Williams que Marlon Brando estava fazendo miséria, fazendo outro texto, dizendo outro texto, piadas, não sei o quê. Um belo dia, chamaram o Tennessee Williams para assistir, e ele foi.

Marlon Brando — com aquele descaramento de um homem que é ator mundial, de fama mundial, e, portanto, se julga acima de qualquer autor, e se não se julga acima, despreza qualquer autor — fez o que se fazia sempre; então, foram perguntar, na saída, ao Tennessee Williams: "Que tal?". E ele disse: "Não há nada de mais, o Marlon Brando, o que ele diz na peça por conta própria, é muito melhor, muito mais criativo, muito mais inteligente, muito mais brilhante do que meu texto".

É óbvio, tá na cara, que o nosso querido Tennessee Williams estava fazendo deboche, o mais deslavado, sobre Marlon Brando. É óbvio que ele estava fazendo deboche. Imaginem Brailowsky misturando um noturno de Chopin com "Mamãe, eu quero mamar...".

Eu não vejo a espécie de valor que tem o Marlon Brando para alterar o texto. Então, vá ser autor. No negócio do caco, quero dizer que o diretor imbecil é melhor, mais válido, mais acessível. O sujeito, pelo menos, preza o texto e acha que o texto é bom. Isso é o diretor imbecil.

Agora, um diretor inteligente — eu digo inteligente para homenagear esses cavalheiros, se o diretor inteligente cair de quatro, ele não se levanta mais —, quando escreve a apresentação do programa, é um filósofo alemão. Os diretores inteligentes são de uma complexidade, de uma impenetrabilidade nunca vista.

O diretor inteligente falsifica as peças. Acha caco criatividade.

Acho que o diretor pode ter duzentas visões, duzentas interpretações da minha peça, mas há uma coisa que se chama "óbvio ululante": não há que discutir. Se tal autor é patético, humorístico, se há evidência objetiva, não há por que transformar isso, apenas o diretor pode ver isso à sua maneira, mas ver esses valores.

Fui encerrar, na escola de Comunicações e Artes da USP, um curso de pós-graduação sobre o meu teatro. Eu fui no último dia pra conversar com o pessoal, e depois o Sábato me deu o que o pessoal escreveu sobre minha obra. Eu levei pra casa, li os trabalhos dos alunos e fiquei besta, nunca vi nada mais profundo, de não se entender uma frase.

Só a maturidade me permite confessar que, até fazer *Vestido de noiva*, só tinha lido uma peça: *Maria Cachucha*, de Joracy Camargo. Na infância, vi Alda Garrido em burletas de Freire Júnior. E isso embora tivesse uma monstruosa leitura literária. Pouca gente no Brasil conhece romance como eu conheço.

Diz-se que Ziembinski remanejou *Vestido de noiva* durante os ensaios. Afirma a Luiza Barreto Leite que o Ziembinski reescreveu a peça comigo. Esta senhora mentiu de maneira mais deslavada. Quando nos encontramos, nós falsamente nos cumprimentamos, mas essa é a verdade.

Ziembinski deu de fato uma contribuição ao texto: a expressão "pois é". Como polonês, ele achava "pois é" uma coisa linda.

Vestido de noiva teve o tipo de sucesso que cretiniza um autor. Parti para uma coisa mais salvadora, para *Álbum de família*, que é um anti-*Vestido de noiva*. O teatro é mesmo dilacerante, um abscesso. Teatro não tem que ser bombom com licor. Tem que humilhar, ofender, agredir o espectador. Quase fiz uma peça onde o segundo ato todo era um ato sexual com variações delirantes. Lamentavelmente não fiz a peça.

É preciso ir ao fundo do ser humano. Ele tem uma face linda e outra hedionda, acho mais importante a hediondez. O ser humano só se salva se reconhecer a própria hediondez. Eu me proponho a reconhecer a hediondez.

Para glória e alegria profunda, tenho uma massa de desconhecidos íntimos. Quando me reconhecem na rua, fico satisfeitíssimo. Um dia atropelei uma velhinha, que, rodopiando, quase se despetalou. Peguei-a e ela falou: "Nelson Rodrigues". Fiquei maravilhado.

A linguagem é a minha maior contribuição ao teatro brasileiro. Quando levaram *A falecida* ao Municipal do Rio, eu passava pelo corredor num intervalo e ouvi: "Mas falar de futebol no Municipal?". Era uma desolação sincera e honesta. Eu estuprara o Municipal com futebol. Isso era o teatro, a minha linguagem. Manuel Bandeira leu *Vestido de noiva* e disse: "Me surpreende e agrada que seu teatro não tenha literatice". *Vestido de noiva* não faz a menor concessão à subliteratura.

Se a evidência quer dizer alguma coisa, afirmo que sou um autor moralista. Posso ser tudo na minha vida, como autor ou como homem, menos amoral. Se porventura muitos não perceberam isso, lamento a cegueira profunda e irreversível. Eu me lembro de Dostoiévski, que diz: "Se Deus não existe, tudo é permitido". Eu acredito em Deus.

Tem um rapaz aí, o Jorge de Andrade, dramaturgo brasileiro de um renome formidável, o único defeito que acho dele, cuja obra conheço toda, é que tira todos os prêmios, tudo o que escreve é premiado automaticamente. Ele é um premiado nato e hereditário. Eu pergunto se um artista, num meio pobre como o nosso, que consegue agradar todo mundo, os despreparados e os preparados, não será um sintoma comprometedor. De forma que quando não gostam de minhas coisas ou quando há divisão, me dá esperança de que eu não tenha fracassado totalmente.

Nenhum escritor brasileiro me impressionou. Machado de Assis é quase um grande escritor. Está, por isso mesmo, solitário no Brasil.

Respeito e admiro um homem como Tristão de Athayde. Guardo como um belo e comovente documento de minha vida a carta que dele recebi contra o meu teatro. Nenhum elogio me tocou e me impressionou mais do que essa negação total.

A pusilanimidade é um problema de cada um de nós. Infelizmente, vivemos sob esse signo, principalmente os intelectuais brasileiros. Falamos mal e falamos bem por pusilanimidade, por pusilanimidade enaltecemos. A posição política, em 99% dos casos, resulta da pusilanimidade. Falta-nos bravura para romper com esse circo fatal, terrível.

O sujeito, para conseguir êxito literário neste país, tem que ser uma espécie de cocote. A pusilanimidade é a mola que impele para frente.

EU TENHO TRÊS COLUNAS DIÁRIAS, OBRIGATÓRIAS (ESCREVO muito mais para atender a pedidos insuportáveis). Gostaria de escrever só teatro e romances, mas para minha sobrevivência sou obrigado a escrever em três jornais, e o dia que parar morrerei de fome, pois infelizmente a literatura ainda não dá condições para que as pessoas sobrevivam apenas com ela. Quando vou escrever um romance ou uma peça de teatro, estou em plena estafa e tenho que fazer um superesforço. Acho que minhas condições de trabalho são desumanas.

Nunca li um livro de memórias que pudesse levar a sério. Radiante de falar de si mesmo e de se colocar no centro dos acontecimentos, o memorialista perde toda noção da verdade. Memorialista que não admite que tem sua clara e insofismável parte canalha não deve escrever memórias de espécie alguma. Em geral, são todos uns farsantes. O maior de todos é Jean-Paul Sartre. Chamou de canalha o menino que ele foi, fingindo não perceber que mais canalha é o adulto que ele é.

A minha ficção é uma coisa. E eu posso ser outra.

Nos meus dois primeiros anos de jornal, só trabalhei para o meu pai, Mário Rodrigues, que eu considero o maior jornalista brasileiro de todos os tempos. E ganhava o meu salário no dia certo e muitas vezes na véspera. Até que, em 1930, empastelaram o jornal do meu pai.

Eu trabalhava em vários jornais e não ganhava um tostão. Trabalhava rigorosamente de graça. A princípio reclamei. Mas o caixa me dizia: "Você tem toda razão. Só que não há dinheiro". Um dia resolvi falar com um diretor. Me disse: "Não está satisfeito? A porta de saída é ali". Deslumbrou-me o seu descaro. Nunca mais reclamei de nada. Quinze minutos depois da estreia de *Vestido de noiva* eu deixava de ser, profissionalmente, de jornal.

Eu estava em *O Globo Juvenil* porque tinha vergonha de ser repórter esportivo. Mas depois da estreia do *Vestido de noiva* eu era um profissional supervalorizado. No dia seguinte, recebi uma oferta dos Diários Associados para ganhar oito vezes mais, então fui trabalhar com Fred Chateaubriand n'*O Cruzeiro*, como diretor d'*O Guri* e do *Detetive*. Um dia Fred disse que ia comprar um seriado inglês para fazer uns folhetins no jornal porque as vendas estavam baixas... Eu pedi a Fred para fazer uma experiência de folhetim. Ele me respondeu: "Mas você quer fazer experiência nas minhas costas?". Finalmente ele topou. Então fizemos uma série de pseudônimos.

Teria que ser uma mulher e com nome estrangeiro, acabamos descobrindo Suzana Flag. Suzana Flag porque havia mais bossa nisso, policial não tem graça com nome brasileiro. Tem que ter mordomo, e falar em mordomo no Brasil faz o sujeito rolar no chão de rir.

Depois de vários títulos, me fixei em *Meu destino é pecar*.

Escrevi *Meu destino é pecar* em vinte e seis capítulos, e foi um sucesso monstruoso. Quando Chateaubriand, que estava em São Paulo, soube que a tiragem tinha dobrado, não acreditou. Tomou um avião, veio ao Rio e foi direto ao distribuidor. Ele ficou deslumbrado,

MINHAS
CONFISSÕES
SÃO LIDAS
PELO BRASIL
INTEIRO.
MUITOS JORNAIS
PUBLICAM,
MAS SÃO

RAROS OS QUE PAGAM. SÃO AS CRÔNICAS MAIS SAQUEADAS DO BRASIL.

Nelson Rodrigues

porque *O Jornal* era inexpugnável naquela fixação em uma tiragem mixa, que não aumentava um exemplar.

Gosto muito de escrever folhetim e queria ter mais liberdade. Acho folhetim um gênero de concessão, um gênero no qual o sujeito pode fazer concessão à vontade. Os folhetins de Suzana Flag venderam incrivelmente.

Como folhetim, no gênero, considero *Meu destino é pecar* válido. Já saíram mais de vinte edições em brochura e livro de bolso. Para o cinema, foi muito mal-adaptado, e para o rádio também. Recentemente recebi dez mil cruzeiros novos da TV Globo para adaptá-lo.

Depois, escrevi *Escravas do amor*, *Núpcias de fogo*, *Minha vida*. A Suzana Flag teve o descaramento de escrever a própria biografia, que foi publicada n'*A Cigarra*. Depois eu escrevi, como Suzana Flag, *O homem proibido*, o meu único folhetim publicado na *Última Hora*. Depois ainda fiz *Asfalto selvagem*.

"A vida como ela é..." começou quando eu estava na *Última Hora*, da qual eu sou pré-fundador, e acumulava a reportagem esportiva com outras matérias, quando o Samuel Wainer pediu-me para valorizar o noticiário policial.

Passei a fazer uma página inteira de todos os fatos. Mas não tinha resistência física para isso, então, o Samuel me disse: "Faz um e valoriza um". Então, comecei a entrar com a minha ficção. Escrevi o "Atire a primeira pedra", e o Samuel me chamou e disse: "Mas que negócio é esse, isso não aconteceu, você inventou". Eu confirmei que tinha inventado tudo, e ele disse que não era isso que ele tinha pedido.

O Samuel e toda a redação eram contra a ficção em "A vida como ela é...", queriam que fosse um fato verídico. Mas o negócio foi de um sucesso tão fulminante que eles acabaram me dizendo que eu tinha razão. Então, desandei a fazer ficção, evidentemente usando fatos ocorridos há cinquenta, duzentos, trezentos anos.

Muitas dessas crônicas, mais tarde, transformei em peças. Na verdade, poucas foram as que nasceram textos teatrais e entre elas posso citar apenas *Senhora dos afogados*, *Anjo negro*, *A mulher sem pe-*

cado e *Vestido de noiva*. As outras nasceram nessa coluna, que fiz durante dez anos, na redação da *Última Hora*, diariamente.

No dia em que eu parei, ninguém conseguiu trabalhar na redação, tal a quantidade de telefonemas esculhambando com palavrões a ausência da coluna. Depois, levei esta série para o *Diário da Noite*, que fechou logo. Foi publicada, também, uma seleção em livro.

"A vida como ela é..." é um tratado de traídos. Todo mundo adora história de homem traído por mulher.

Durante dez anos, dia após dia, o leitor tomava conhecimento do adultério do dia.

A única coisa que realmente não morre como história é o adultério, seja até um adultério de galinheiro, de galinhas etc., faz um sucesso incrível. Daqui a dois milhões de anos, o traído fará o mesmo sucesso.

Brasileiro adora o chocalho da palavra.

ESCRITOR DE CERTA RESPONSABILIDADE NÃO ACEITA MINHA INfluência. Não pode se expor. Sou manjado demais. Qualquer bêbado de botequim me reconhece. Eu tenho imitadores, só que eles preferem meus defeitos. Meus defeitos já exerceram considerável influência no teatro brasileiro.

A experiência jornalística me deu uma certa visão do mundo. O mundo visto da redação é realmente hediondo. O homem fracassou. Se houvesse uma guerra nuclear e acabasse o mundo, não se perderia grande coisa. Mas repito, a experiência comunista é o que há de pior nos últimos trinta milhões de anos.

Tive textos totalmente impedidos, que não vou citar aqui porque todo mundo sabe, e nunca mudei nem pretendo mudar uma vírgula sequer. Antes, eu tinha a esperança que alguma autoridade mais inteligente os liberasse, mas, hoje, até isso se acabou.

Não admito que um artista censure os próprios textos. Todas as censuras, inclusive as do sr. Vargas, me trataram da mesma maneira. O artista não tem que ceder nunca. Tem que ser irredutível. Nos países socialistas, o único indivíduo livre é o suicida: o sujeito mete uma bala na cabeça e assim consegue a sua liberdade.

PEDEM-ME QUE RESUMA MINHAS IDEIAS E EXPERIÊNCIAS TEAtrais. Não me custa um esforço nesse sentido. Escrevi minha primeira peça — *A mulher sem pecado* — em 1940 e andei, de porta em porta, atrás de um benemérito que quisesse encená-la. Eu era, então, bem mais modesto. Admitia todas as hipóteses, menos a de ser, com o tempo, um autor discutido ou, como sugerem pessoas amáveis, "*o autor mais discutido do Brasil*". Justa esta humildade, pois minha inocência teatral era imensa.

Tentava, pela primeira vez, um texto dramático. Para meu azar ou sorte — não sei bem —, já *A mulher sem pecado* inspirou debates. O que era a peça? Uma repetição exasperante. Os espectadores se entreolhavam, assustados e desconfiados.

O drama não andava; o primeiro ato era uma coisa; o segundo, a mesma coisa; o terceiro, idem. Lembro-me que, na estreia, coloquei-me, estrategicamente, para ouvir os comentários. Constatei que o público, na maioria absoluta dos casos, saía indignado. Por vários motivos: porque a peça não tinha ação; era mórbida; inverossímil; os mais gentis admitiam que fosse cansativa ou monótona; os mais sinceros usavam a expressão "chata". Esta, a reação do público. Já a crítica portou-se com mais ferocidade. Li comentários particularmente agressivos contra a avó doida, personagem que se conserva, durante os três atos do drama, sem fazer nada. Minto — esta senhora tinha uma atividade bastante singular, qual seja, a de enrolar um eterno paninho. Mas não dizia uma palavra, não ensaiava outro gesto além do mencionado, nem saía de uma confortabilíssima poltrona. Ninguém entendeu esta imobilidade. E certo crítico interpelou-me, de público, achando que, inclusive, o papel era um desaforo atirado à face da intérprete. Esboçou-se mesmo um movimento de classe contra a desconsideração à colega. Fiquei preocupado e quase autorizei a intérprete a virar umas cambalhotas em cena.

Não foram estas, porém, as únicas objeções. Reclamava-se contra a interferência de uma morta na ação. Uma morta que aparecia fisicamente para atormentar o marido! Surgiu uma *blague* — "A peça era espírita". Mas *A mulher sem pecado* não conseguiu um ruído considerável. Era imoral, sim, mas de uma imoralidade bem-comportada. Não dava para assustar ninguém.

Já, então, além dos detratores, havia, também, os entusiastas. Uns e outros, frenéticos. Se os primeiros me achavam idiota, os segundos usavam o termo "gênio". E, fazendo um balanço, verifiquei que minha primeira experiência fora bastante animadora. Eu fizera *A mulher sem pecado* com a intenção de conhecer a minha própria capacidade teatral e de operar uma sondagem no público. Ora, diziam o diabo do público. Atribuíam ao público todas as culpas. E se usava uma lógica muito sutil e que posso assim resumir: "Se não havia nem autores, nem peças geniais, o culpado era o público". Raciocínio que parecia, a mim, vagamente suspeito. Devo acrescentar que, na época, eu não acreditava em mim. Em compensação, acreditava muito menos no teatro brasileiro e na nossa dramaturgia. No meu exagero, dividia os nossos autores em duas classes, a saber: a dos falsos profundos e a dos patetas. Esta última sempre me pareceu a melhor, a mais simpática. Julgamento, como se vê, sumário e injusto, pois sempre tivemos alguns valores solitários e irrefutáveis. Em face desse estado de coisas, senti no semifracasso d'*A mulher sem pecado* algo como uma apoteose. E resolvi realizar o *Vestido de noiva*.

Na minha primeira peça — a título de sondagem —, introduzira uma defunta falante, opinante, uma meia dúzia de visões, uma personagem incumbida de não fazer nada, uns gritos sem dono. Eram algumas extravagâncias tímidas, sem maiores consequências. Mas tanto bastou para que alguns críticos me atirassem o que lhes parecia ser a suprema injúria: me compararam a Picasso, a Portinari etc.

TODO O MEU TEATRO É RIGOROSAMENTE PROFÉTICO. TEM TUDO O QUE SE

FARIA DEPOIS, NO TEATRO E NO CINEMA.

Nelson Rodrigues

Fiz *Vestido de noiva* com outro ânimo. Esta peça pode não ter alcançado um resultado estético apreciável, mas era, cumpre-me confessá-lo, uma obra ambiciosa. A começar pelo seu processo. Eu me propus a uma tentativa que, há muito, me fascinava: contar uma história sem lhe dar uma ordem cronológica. Deixava de existir o tempo dos relógios e das folhinhas. As coisas aconteciam simultaneamente. Por exemplo: determinado personagem nascia, crescia, amava, morria, tudo ao mesmo tempo. A técnica usada viria a ser a de superposições, claro. Antes de começar a escrever a tragédia em apreço, eu imaginava coisas assim: "A personagem X, que foi assassinada em 1905, assiste em 1943 a um casamento, para, em seguida, voltar a 1905, a fim de fazer quarto a si mesma...".

Senti, nesse processo, um jogo fascinador, diabólico, e que implicava, para o autor, numa série de perigos tremendos. Inicialmente, havia um problema patético: a peça, por sua própria natureza, e pela técnica que lhe era essencial e inalienável, devia ser toda ela construída na base de cenas desconexas. Como, apesar disso, criar-lhe uma unidade, uma linguagem inteligível, uma ordem íntima e profunda? Como ordenar o caos, torná-lo harmonioso, inteligente?

Tal problema, evidentemente, só interessava ao autor. De qualquer maneira, completei *Vestido de noiva*. Como sucedera com *A mulher sem pecado*, fui levar o novo original de porta em porta. Tive pena de mim mesmo e pior do que isso: tive consciência de que meu ridículo era dessas coisas tenebrosas e definitivas. Recebi, muitas vezes, este conselho: "Você precisa perder a mania de ser gênio incompreendido". Ao que eu cortesmente respondia: "Pois não! Pois não!". Mas insisti, com uma tenacidade em que havia algo de obtuso. E insisti porque acreditava, sobretudo, numa coisa: na forma de *Vestido de noiva*, no seu processo de ações simultâneas em tempos diferentes. Alguns intelectuais me estimularam, inclusive Manuel Bandeira. Baseei-me, então, numa hipótese amável: em caso de um espetacular fracasso de bilheteria, haveria um certo êxito literário.

Veio a estreia. E com o maior pasmo, vi-me diante do que, com certa ênfase, poderia chamar de consagração. Chamaram à cena o autor; fomos depois, eu e elenco, à Americana, celebrar o triunfo, numa ceia eufórica. Em 1943, ninguém sabia, aqui, da existência de Eugene O'Neill; o único autor que se usava, com abundância, era Pirandello. Qualquer coisa que não fosse uma chanchada ignominiosa era pirandelliana; qualquer autor que não fosse um débil mental — virava um Pirandellozinho indígena. Tive também, com *Vestido de noiva*, a minha hora pirandelliana. Paravam-me no meio da rua para que eu confirmasse esta influência: "Você lê muito Pirandello, não lê?".

Eu, cínico, dizia que sim. A pessoa partia, radiante. Mas ai de mim! Com *Vestido de noiva*, conheci o sucesso; com as peças seguintes, perdi-o, e para sempre. Não há nesta observação nenhum amargor, nenhuma dramaticidade. Há, simplesmente, o reconhecimento de um fato e sua aceitação. Pois a partir de *Álbum de família* — drama que se seguiu a *Vestido de noiva* — enveredei por um caminho que pode me levar a qualquer destino, menos ao êxito. Que caminho será este? Respondo: de um teatro que se poderia chamar assim — *desagradável*. Numa palavra, estou fazendo um *teatro desagradável, peças desagradáveis*. No gênero destas, incluí, desde logo, *Álbum de família, Anjo negro* e a recente *Senhora dos afogados*. E por que *peças desagradáveis*? Segundo já se disse, porque são obras pestilentas, fétidas, capazes, por si sós, de produzir o tifo e a malária na plateia.

Álbum de família não conheceu o destino para o qual foi escrito — o palco. Antes de levar a malsinada tragédia a uma companhia, ocorreu-me um escrúpulo — submeti-a à censura. O primeiro censor concluiu que nenhuma linha da peça devia ficar de pé. Condenou-a em bloco. Estava assim proibida a encenação. *Álbum de família* só pôde ser apresentada ao público na forma de livro. Em torno desta minha peça, operou-se um grande e furioso movimento crítico. Em todo o Brasil, escreveu-se sobre o drama que, segundo Leitão de Barros, estava colocado num "plano ginecológico". A maioria foi passionalmente contra.

Só algumas figuras, abnegadas e corajosas, conferiram ao *Álbum* uma categoria artística — os srs. Prudente de Morais, neto, Manuel Bandeira, Sérgio Milliet, Santa Rosa, Pompeu de Sousa, Accioly Neto, Monte Brito, Lêdo Ivo, as sras. Dinah Silveira de Queiroz, Lúcia Miguel Pereira e poucos mais.

Os detratores da peça se colocavam em pontos de vista curiosos. Por exemplo: dizia-se que havia incesto demais, como se pudesse haver incesto de menos. Esse critério numérico foi adotado por quase todo mundo. Alguns críticos estariam dispostos a admitir um incesto ou dois; mais não. Outros assinalavam minha "insistência na torpeza"; terceiros arrasavam a "incapacidade literária"; ficou patenteada também a inexistência de um "diálogo nobre". Este último defeito, por si só, parecia excluir *Álbum de família* do gênero trágico. Onde já se viu uma tragédia sem "diálogo nobre"? E não foi tudo. Houve, ainda, acusações de morbidez, imoralidade, obscenidade, sacrilégio etc. etc.

Nunca me esqueço de certas indignações com efeito retroativo. Eram pessoas que, na base de *Álbum de família*, negavam rancorosamente *Vestido de noiva* e *A mulher sem pecado*. Como autor, pus-me a pensar: não havia nessa oposição nenhuma atitude crítica que se caracterizasse pela isenção e lucidez. Era como se os detratores se julgassem diretamente ofendidos e colocassem um problema teatral, estilístico, estético, em termos passionais. Como explicar de outra maneira o tom dos debates, a violência, a paixão por vezes obtusa, os desaforos? Afinal de contas, uma pessoa pode gostar ou não de uma obra de arte. Mas sem direito de ficar furiosa.

Como autor, fiquei à margem de tudo. Não articulei uma frase, não usei um contra-argumento. E, no entanto, muitos dos críticos eram de uma fragilidade de meter dó. Eu poderia alegar, a favor de *Álbum de família*, várias coisas, inclusive que, para fins estéticos, tanto fazia um, dois, três, quatro, cinco incestos ou meia dúzia. Podiam ser duzentos. Na verdade, visei certo resultado emocional pelo acúmulo, pela abundância, pela massa de elementos.

Outro autor, ou eu mesmo, podia fazer do incesto uma exceção dentro da peça, um fato solitário. Mas não quis por um motivo muito simples: porque esta *exclusividade*, esta *exceção*, não pertencia à concepção original do drama, à sua lógica íntima e irredutível. Por outras palavras: para a minha visão pessoal e intransferível de autor, o número exato de incestos eram quatro ou cinco e não dois ou três.

O nível estilístico das falas foi outro problema. Todo mundo observou que o diálogo "não era nobre". Com efeito, não era, nem precisava sê-lo. Sempre me pareceu ingênuo discutir os meios de que se serve um autor para atingir certo efeito emocional. Evidentemente, os meios são lícitos se o efeito é atingido. No *Álbum de família*, porém, colocou-se mal a questão. Afirmou-se que o diálogo não era nobre. E nada mais. Ora, o problema que se apresentava ao crítico era menos simples, ou seja: saber se através desse diálogo se podia chegar a uma grande, irrefutável altura dramática.

Que se diga isso de mim, pobre autor brasileiro, apenas esforçado, está certo. Mas contra Eugene O'Neill se articulam as mesmas objeções. Nega-se O'Neill estilisticamente. Consagrou-se a sua força poética, a sua potencialidade dramática, o seu sentimento trágico da vida. Mas sua linguagem é considerada pobre, vulgar, sem correspondência com a vocação teatral. E, recentemente, um crítico americano reconhecia que as cenas de Eugene O'Neill são inesquecíveis, as situações de uma potência incomparável, os personagens eternos. Mas o estilo, a frase, nem tanto. Não ocorreu ao crítico que se as cenas, as situações, os personagens têm esse relevo, é porque tudo está estilisticamente certo.

Anjo negro é a última das minhas peças representadas. Mais feliz do que *Álbum de família*, porque foi encenada — graças a uma decisão pessoal do sr. ministro Adroaldo Mesquita da Costa —, produziu, no entanto, a mesma irritação.

Ora, o *Álbum de família*, peça genesíaca, devia ter por isso mesmo alguma coisa de atroz, de necessariamente repulsivo, um odor de parto, algo de uterino. Já o *Anjo negro* pôde se manter num plano menos espantoso. Ainda assim, o furor crítico excedeu todas as expectativas. O drama de Ismael foi considerado mórbido, imoral, monstruoso. Também se afirmou que me repito nos assuntos e personagens.

Passada a tempestade, vejo que muitas das opiniões, que se levantaram contra mim e meu drama, são procedentes. Com efeito, *Anjo negro* é mórbido; e eu, mórbido também. Aliás, jamais discuti ou refutei a minha morbidez. Dentro de minha obra, ela me parece incontestável e, sobretudo, necessária. Artisticamente falando, sou mórbido, sempre fui mórbido, e pergunto: "Será um defeito?". Nem defeito, nem qualidade, mas uma marca de espírito, um tipo de criação dramática.

Fosse *Anjo negro* uma peça sadia, e não vejo em que teria melhorado a sua hierarquia estética. Centenas e centenas de dramas, poemas, romances, quadros, repousam seu valor estético numa morbidez rica, densa, criadora, transfigurante. Parece-me idiota ir-se ao teatro expressamente para ver uma peça mórbida; ou, então, para não ver uma peça mórbida.

Anjo negro é monstruoso? Inclino-me por uma resposta afirmativa. Se considerarmos os seus fatos, paixões e personagens sob um arejado critério de dona de casa ou de lavadeira — o drama será monstruosíssimo. Com efeito, Virgínia mata três filhos, e semelhante operação está longe de ser meritória. A maioria dos críticos se baseou no "onde já se viu fazer uma coisa dessas?". Ora, cada um faz seu juízo como quer, entende ou pode. De qualquer maneira, parece-me precário o crítico que se enfurece contra os personagens e se põe a insultá-los. Imagino uma pessoa que, perante *O avarento*, de Molière, invalidasse a peça, sob a alegação de que o personagem é um pão-duro, um unha de fome. Ou, então, que, em face de *Otelo*, se pusesse a berrar, da plateia: "Canalha!".

De um certo ponto de vista, Otelo não deixa de ser um canalha. E talvez, até, o crítico tenha razão. Pois os meus personagens possuem a glória invejabilíssima de irritar a crítica. Virgínia sofreu as mais graves restrições de ordem moral. Ismael, idem. Até o *homem de seis dedos* foi destratado. E, no entanto, eu, como autor, possuo outros pontos de vista. Sempre me pareceu que, para fins estéticos, tanto faz um canalha, como um benemérito. Acrescentarei mais: é possível que a importância dramática do canalha seja mais positiva. Se Virgínia fosse uma mãe exemplar, uma heroína do tanque e da cozinha, não haveria o drama.

O caso de Ismael foi interessante. Alegou-se, por exemplo, que não existia negro como Ismael. Entre parênteses, acho que existem negros e brancos piores do que Ismael. Mas admitamos que a acusação seja justa. Para mim, tanto faz, nem me interessa. *Anjo negro* jamais quis ser uma fidelíssima, uma veracíssima reportagem policial. Ismael não existe em lugar nenhum; mas vive no palco. E o que importa é essa autenticidade teatral. Outra objeção contra o drama e o autor: insistência de um tema que já foi usado em outras obras minhas. Seria um sintoma de fadiga, um colapso — quem sabe se definitivo — de imaginação criadora? Não, segundo o meu suspeito modo de ver as coisas. Aliás, de todos os meus possíveis defeitos, este é o que menos me preocupa. Ser autor de um tema único não me parece nem defeito, nem qualidade, mas uma pura e simples questão de gosto, de arbítrio pessoal. Por outro lado, um autor que volta a um assunto só se repete de modo muito relativo. Creio mesmo que não se repete nada. Cada assunto tem em si mesmo uma variedade que o torna infinitamente mutável. Sobre ciúme o mesmo autor poderia escrever duzentas e cinquenta peças diferentes, sendo duzentas e cinquenta vezes original. Sobre o amor, também. Sobre a morte, idem.

Críticos fizeram uma observação restritiva: minha obra toda gravita em torno de "sexo, sexo, sexo". Sendo isso verdade, qual o inconveniente? Já disse que não vejo como qualquer assunto possa esgotar-se e muito menos o sexual.

Todavia, no caso particular desta observação, há uma malícia sensível. Já não importa tanto o fenômeno da repetição, e sim a natureza e a gravidade do tema. O assunto sexual ainda dá motivo a escândalo. Amigos e conhecidos meus interpelam-me na rua: "Você só sabe escrever sobre isso?".

Isso é o amor. Há nesta pergunta um fundo de indignação, que eu não devia compreender e que talvez não compreenda mesmo.

Afinal de contas, por que o assunto amoroso produz esta náusea incoercível? Por que se tapa o nariz ao mencioná-lo? E, sobretudo, por que investem contra mim, como se fosse eu o inventor do sexo e como se ele não existisse na vida real, nem tivesse a menor influência na natalidade, aqui e alhures? São perguntas que formulo e desisto de responder.

Peçam tudo, menos que eu renuncie às atrocidades habituais dos meus dramas. Considero legítimo unir elementos atrozes, fétidos, hediondos, ou o que seja, numa composição estética. Qualquer um pode, tranquilamente, extrair poesia de coisas aparentemente contraindicadas. Isso é tão óbvio, que me envergonho de repeti-lo.

E continuarei trabalhando com monstros. Digo monstros, no sentido de que superam ou violam a moral prática e cotidiana. Quando escrevo para teatro, as coisas atrozes e não atrozes não me assustam. Escolho meus personagens com a maior calma e jamais os condeno. Quando se trata de operar dramaticamente, não vejo em que o bom seja melhor que o mau. Passo a sentir os tarados como seres maravilhosamente teatrais. E no mesmo plano de validade dramática, os loucos varridos, os bêbedos, os criminosos de todos os matizes, os epilépticos, os santos, os futuros suicidas. A loucura daria imagens plásticas e inesquecíveis, visões sombrias e deslumbrantes para uma transposição teatral!

Certa vez, o sr. Carlos Drummond de Andrade falou em "obras-primas fulgurantes... e podres". Infelizmente, minhas peças não são obras-primas. Se o fossem, teriam direito de ser podres.[1]

TODA VEZ QUE ESTOU NA TELEVISÃO, ARRUMO UM JEITO DE ENCAIXAR a seguinte e pomposa declaração: "Eu sou um reacionário". O único insulto, o único palavrão de nossa época é esta palavra, reacionário.

---

1 Publicado no primeiro número da revista *Dionysos*, editada pelo então Serviço Nacional de Teatro em outubro de 1949.

Eu sou reacionário porque sou pela liberdade. O não reacionário é o comunista que não tem liberdade nem para fazer greve. O socialista ortodoxo teve que engolir a castração imposta pela União Soviética e vem me falar de liberdade?

Sou, sou um reacionário. Reacionário é aquele que quer liberdade, quer o pão e se recusa a admitir que o Estado tome conta dos seus filhos, faça eles de palhaços. Pela primeira vez os palhaços tomam conta da história, desde que os homens comiam paralelepípedos.

Sou anticomunista desde os onze anos. E assumo minhas posições, mesmo quando, hoje, o intelectual virou esquerda porque essa é uma maneira de o sujeito ser inteligente, de ser atual, de ser moderno e, principalmente, de se banhar na própria vaidade.

Quando você vê as fotografias das passeatas — como é óbvio, eram passeatas das classes dominantes —, repare que não havia um preto. Não vi uma cara de operário, uma cara de assaltante de chofer, uma cara de entregador de pão. Nada disso. Tudo era gente bem plantada. Eu fiquei na calçada vendo a passeata passar com esta obsessão de ver um preto. Apenas um. Já me satisfaço com um preto. O que vi foi o Arnaldo Jabor, meu diretor, que dirigiu o filme *Toda nudez será castigada*, chupando Chicabon. E quando ele deixava de lamber o Chicabon dizia "participação, participação, participação" e depois dava outra lambida no picolé.

Agora, não sou realmente um reacionário, mas um retrógrado. Sou um obsoleto, um carcomido, porque coloco a questão da liberdade antes do problema do pão. Num momento em que a liberdade é um fato de suma importância, em que um homem revela mais do que nunca a sua vocação de escravo.

A nossa época inaugurou um tipo novo de escravo, este escravo que o nosso tempo descobriu e fabricou, feliz e eufórico, que dá a vida para ser realmente escravo, para não pensar. O sujeito paga para não pensar, morre para não pensar no capitalismo.

Não há dois homens, um do Ocidente, outro do outro lado do Ocidente. Quando é canalha, o é como homem, o é dentro de sua condição humana. Agora, os do outro lado, considero marginais da própria condição humana, são sujeitos no caso, por exemplo, do processo em Moscou. O sujeito absolutamente inocente chega no tribunal e diz: "Eu sou um cachorro, estava vendido à Inglaterra e aos Estados Unidos". Estava mentindo contra si próprio. Então vem a família do cara, a mãe do cara, sabendo que ele é inocente, diz: "Meu filho é um cachorro, enforquem meu filho".

O nazismo, o Ocidente o esmagou. O outro lado, a outra vida, não está embargada absolutamente.

O que há é o seguinte: os vinte milhões de russos (mortos para esmagar o nazismo) fizeram o pacto germano-soviético e criaram, praticamente, o esforço de guerra nazista. É isto o que Otto Lara Resende, que é um desses escravos consentidos, chama de auxílio de vinte milhões de russos. Esses vinte milhões de russos, atacados por vinte milhões de alemães, receberam socorro do Ocidente. Ponha Alemanha e Rússia palmo a palmo e você estaria agora engraxando botas de nazistas. Por isso sou reacionário, porque o culto da liberdade é problema que não interessa a ninguém.

Dizer que o desenvolvimento é sinônimo de paz é conversa, isso é uma bobagem, uma bobagem linda. Eu acho formidável o nosso querido papa dizer que o desenvolvimento é a paz. Os Estados Unidos e a Rússia são o máximo de desenvolvimento e estão aí na dúvida se acabam ou não acabam com o mundo. Guerra Fria, só os povos ultradesenvolvidos podem fazer. O papa chama isto de paz.

Agora, você pergunta se Niterói vai declarar guerra a alguém.

Primeiro a liberdade. Liberdade é muito mais importante que desenvolvimento, muito mais importante que pão. Só o homem livre merece o pão, ou antes, não é só o homem livre não, quem não merece pão é o escravo consentido. O homem pode ser escravo, mas se espernear merece o pão. Agora, o escravo consentido, que morre para impor, para implantar sua escravidão, este não merece pão.

Sou um brasileiro feroz. Só me preocupo com minha terra. Nunca vi os esquerdistas incluindo, pelo menos no fundo do galinheiro, o nome do Brasil. Para mim, Magé é mais importante que o Vietnã. O único tema que me apaixona é a solidão do Brasil. As esquerdas nunca pensaram em ocupar um metro quadrado dessa Sibéria florestal. Elas não saem, nem amarradas, do Leblon, de Copacabana, de Ipanema.

Sou brasileiro e, como tal, tenho religiosidade política. Se me perguntassem, diria que tenho cinco religiões. Sou, conforme o caso, budista, católico, protestante, espírita e macumbeiro.

Ninguém pode me chamar justamente de homem de direita, quando a pior, a mais bestial, a mais brutal, a mais ignóbil direita do mundo é a Rússia. Os russos pegam os intelectuais dissidentes e os atiram nos hospícios, e eu é que sou direitista? Ora, isso é uma das maiores piadas do mundo. É nos países socialistas que há anti-homem, a negação do homem. A Revolução Russa começou como a negação de si mesma, como a antirrevolução e sempre foi a contrarrevolução. Diante dessa evidência, o que acham que posso pensar quando alguém ousa atribuir esquerdismo à Rússia? Agora mesmo estão condenando intelectuais russos a trabalhos forçados. O que ainda é uma grande sorte para eles. Pior seria o hospício.

Reacionarismo bruto é o das esquerdas. Desempenham o papel do nazismo vermelho. Se o dr. Alceu estivesse escrevendo no *Jornal do Brasil* de Moscou, já estaria no hospício, amarrado num pé de mesa, bebendo água numa cuia de queijo Palmyra.

A melhor maneira de não ser canalha é ser reacionário. Exceção que faço para os que são reacionários sem saber: Sábato Magaldi, José Lino Grünewald, Paulo Francis.

O Jaguar declarou o seguinte sobre mim: "Fascinante como Adolf Hitler", imagine você, não é? Quer dizer que daqui a mil anos eu vou ser falado enquanto nenhum verme vai se lembrar do Jaguar, que teria até eternizado Hitler.

Evidentemente quando pus o título de *O reacionário* no meu livro, estava fazendo uma certa interpretação da palavra reacionário, que não é a minha, por exemplo, pois reacionária, a meu

EU ME RECUSO A SER UM HOMEM DE ESQUERDA, DE DIREITA OU DE CENTRO.

SOU UM SUJEITO QUE DEFENDE FEROZMENTE A SUA SOLIDÃO.

ver, é a Rússia, que não tomou conhecimento e varreu as maiores conquistas do ser humano como tal, como a liberdade de imprensa, que por exemplo, é assunto proibido até de ser discutido nos Estados Unidos.

Sou um autor inconveniente, sou um jornalista inconveniente.

APESAR DE TEATRALIZAR AS IGNOMÍNIAS DA ORDEM BURGUESA, eu devo dizer que as ignomínias dos países socialistas são muito piores.

O problema é o seguinte: qualquer moralista realmente não interessa a regime nenhum. Eu, no Brasil, sou perseguido. Eu liberava minhas peças, meus romances, da maneira mais penosa.

Eu não estaria bem em lugar nenhum, em regime nenhum, porque sou um autor inconveniente, sou um jornalista inconveniente, um jornalista que não interessa a ninguém.

O Walter Clark, por exemplo, foi resolver uns problemas de censura da TV Globo. O chefe era então o general Bandeira, e ele disse: "General, para o senhor ver como o problema da censura é complicado, é penoso, o Nelson Rodrigues, que é insuspeito para a revolução, teve problemas, foi interditada a sua peça".

Aí, vira-se o general e diz: "Esse Nelson Rodrigues ainda não me convenceu porque realmente ele não fala".

Eu sou ultrassubversivo em todos os sentidos. Em todos. Mas eu tenho meu santo horror ao comunismo. As pessoas dizem: "Eu não sou comunista", mas também enchem a voz e dizem: "Também não sou anticomunista".

Eu não sou comunista, sou anticomunista.

Clara Rezende disse: "Mas você, estão reclamando, espantados, de quê? O Nelson Rodrigues sempre foi isso, sempre foi assim". E eu sempre fui assim. Eu me tornei um reacionário entre aspas quando tinha onze anos e andava bancando o rato de redação no jornal de meu pai e outras redações, e vi um comunista — e eu não perdia conversa nenhuma de gente grande, só me interessava gente grande

— dizer para o outro: "Olha, se o partido me mandasse, eu matava você friamente".

Aí eu percebi que o comunista era o anti-homem e a antipessoa.

MEU AMIGO SOCIALISTA DISSE. OU, POR OUTRA, BERROU: "SE É preciso matar o inocente, se convém matar o inocente, deve-se matar o inocente!". Bem sei que o ser humano está cada vez menos humano. Não estarei iniciando nenhuma novidade se disser que a maioria absoluta passa por um processo de desumanização irresistível. Mas quem quer que tenha um mínimo de humanidade sabe que não se mata um inocente. Se a salvação da humanidade depender do sangue de um inocente, a humanidade deve ser imolada e nunca o inocente.

Nas suas palavras, meu caro socialista totalitário, julgo receber um som conhecido. Não era assim que falava Raskólnikov, do *Crime e castigo*? Mas pensando melhor veremos que Raskólnikov era menos sanguinário. Ele não via, na velha usurária, a inocência. Ao passo que, para todos nós, inclusive para você, o embaixador era o inocente. Para os terroristas, era inocente. E você declara ao justificar os bandidos: "Se os terroristas não matassem, se desmoralizariam". Aí está: "Porque os assassinos se frustrariam como assassinos, tinham o direito de trucidar a inocência".

Meu amigo socialista: quando eu tinha quinze anos, meu irmão Roberto Rodrigues foi assassinado. A partir do momento em que ele morreu, aprendi uma verdade que está cravada na minha carne e na minha alma para sempre: "Não se mata". Mesmo o culpado, não se mata. Um homem não mata outro homem. Quando enforcaram os nazistas, após o julgamento de Nuremberg, houve no Brasil um protesto. A grande figura de Gilberto Freyre levantou-se contra a execução. Os nazistas não deviam ter sido enforcados. Sempre fora contra a pena de morte. Fez um discurso, na Câmara dos Deputados, com uma coragem maravilhosamente lúcida. Sim, Gilberto Freyre foi um momento da consciência humana.

Meu amigo, eu disse que você, para mim, era um luminoso ser, nascido para ser jovem eternamente. Mas quando falou, sábado, vi a sua velhice fulminante. O que restou foi a múmia de Heleno de vinte anos. Múmia, com todos os achaques das múmias.[2]

Devoto à direita o mesmo horror que tenho pela esquerda.

CHEGUEI A ESSA ATITUDE LENDO DOIS VOLUMES SOBRE A GUERra civil na história. Verifiquei então o óbvio ululante: de parte a parte, todos eram canalhas. Rigorosamente todos. Eu não quero ser nem canalha de esquerda nem canalha de direita.

Um homem que não compreende a grandeza de um convento não compreende nada.

Essa lei (uma lei moral superior, que dá a medida do mal, do pecado) existe, como existe Deus. Cada um de nós traz dentro de si essa opção: aceitar a imortalidade da alma ou rejeitá-la. Aquele que prefere a alma mortal é um suicida. Morreu no momento mesmo que optou por esse caminho. Acho incrível e inexplicável que alguém prefira fazer a sua vida depender da contingência mais trivial: de uma lotação ou de uma escorregadela. O materialismo é, para mim, uma atitude profundamente imbecil. Materialista é aquele que chutou a imortalidade, preferindo ver o homem apenas como um ser desprezível. Por isso mesmo, o materialismo exclui os problemas fundamentais do homem, a sua essência verdadeira e permanente, que dura através dos tempos.

Para rejeitar Marx, basta, a meu ver, a circunstância de ele ter ignorado o problema da morte. O homem de Marx é um homem com uma dimensão a menos, um ser simplificado, amputado. É um homem inexistente.

Sou contra a mistura da política com a literatura. Mas não incluo nesse caso, por exemplo, o sujeito que menciona ou narra um

---

2 Por essa crônica, publicada em 3 de junho de 1970, no jornal *O Globo*, Nelson Rodrigues foi acusado de ter denunciado Antonio Callado como comunista.

fato como o assassínio de Rosa Luxemburgo. Não. Isso é material de primeira ordem. Não gosto é quando o sujeito resolve fazer aquilo que desgostava profundamente Marx e Engels, ou seja, propaganda e não literatura. Eles preferiam mil vezes Balzac a Zola. Nisso, por acaso, coincido com o nosso amigo Marx.

A Censura nunca mudou, nem mudará. Só a mudança geral pode fazer com que ela caia. De mais a mais uma mudança política muito extrema nos levaria ao socialismo, que tem um tipo de censura muito mais feroz.

TIVE RELAÇÕES PESSOAIS COM O PRESIDENTE MÉDICI. CONVERsamos muitas vezes, e ele me convenceu de que, se fizessem tortura no Brasil, isso em primeiro lugar seria imbecil. Não tive nenhuma informação de tortura.

Perguntei ao presidente se permitiria ao meu filho, que vivia na clandestinidade, deixar o país. O presidente concordou, mas meu filho não quis. Disse que só aceitaria o benefício se atingisse os seus companheiros.

Claro que a tortura é a coisa mais hedionda que já apareceu na Terra. Isso é o óbvio ululante. Jamais na minha vida fui favorável à tortura. Jamais seria a favor de uma coisa que é uma torpeza. Todo o meu horror à Rússia e aos vermelhos se deve justamente a isso.

O meu horror à tortura e à censura é grande por uma série de motivos. Eu tenho um filho que está preso e condenado a cinquenta anos. Tenho, portanto, de ter uma posição muito nítida. Meu filho foi torturado. Agora, o que não entendo é onde encontram elementos para dizer que sou benevolente com a tortura. Devoto à direita o mesmo horror que tenho pela esquerda. E dedico um desprezo e uma indignação ainda mais profundos a qualquer espécie de tortura. Eu sou obviamente, por todas as razões, inclusive por razões pessoais, um enjoado absoluto com a ignomínia.

EU SOU INSUSPEITO PARA PREGAR A ANISTIA, POR SER ANTICO-munista público e convicto, mesmo tendo um filho, Nelsinho, cumprindo pena por acusação de atividades subversivas.

Esta é a grande oportunidade para o presidente Figueiredo entrar na história: conceder a anistia absoluta. Nada de meias medidas. Ele deve dá-la de coração. Que não dê uma pirueta, mas um salto-mortal, que é muito mais respeitoso que uma simples pirueta.

Sou favorável a uma anistia completa e total, nunca uma medida meio vaga, mas sim que pacifique o Brasil. A anistia ampla, geral e incondicional — mesmo que se tenha de pagar o preço de perdoar os que abusaram de repressão — é a única medida capaz de pacificar a sociedade e trazer de volta ao convívio dos pais toda uma geração, principalmente os jovens que erraram por não quererem ser tachados de marginais da história. Esses jovens, a quem foi vedado participar da política, apenas foram buscar sua participação no lugar errado.

A primeira medida elementar é acabar com o castigo, o sofrimento e essa coisa hedionda que foi a censura. Isso tudo foi uma página negra que não pode mais voltar.

Quero falar com o presidente Figueiredo para lembrar-lhe que essa é a oportunidade de ele entrar para a história, espetacularmente. O que quero dizer-lhe é isso: para fazer a sua figura e a sua estátua, é preciso apenas a anistia absoluta.

Dizia um amigo meu outro dia: anistia para todos inclusive para os torturadores. Eu, aí, vou ter que fazer um tremendo esforço físico para chegar a tanto. Mas chegasse a tanto, soltem-se todos e vamos fazer o Brasil que precisa ser feito. Vamos mergulhar nessa maravilhosa aventura da anistia.

Eu não falo apenas como pai de um jovem que nunca matou ninguém, mas por todos os pais que sofrem e que também precisam ter de volta seus jovens, que vão ajudar a construir este país, que será a grande sensação do século XXI.

A única besta integral é a que leu quarenta mil volumes.

LI MUITO POUCO. LEITOR IDEAL É O QUE SÓ LÊ O MESMO LIVRO todos os dias. Por mais acaciano que pareça, a arte da leitura é a releitura. Reli muitas vezes *Crime e castigo*, *Os irmãos Karamázov*, *Anna Karenina*, Machado de Assis, porque apenas a leitura não basta.

É preciso a releitura para que haja uma relação mais profunda entre o leitor e o que ele lê. Com a televisão, com a imagem, isso não é possível. A leitura é mais inteligente, porque estabelece não só uma relação mais profunda, como também uma intimidade maior entre o leitor e o livro.

A vantagem do romance é que depende de um leitor. Não importa o caso do best-seller que é lido por um milhão de leitores. Mas o leitor existe individualmente.

Ao passo que o mesmo filme é visto, ao mesmo tempo, por milhares. Não há a hipótese da solidão que se fecha em torno do leitor e do romance. Justamente por ser um solitário, o leitor é sempre mais inteligente. Não sei se me entende: mas quando o homem se faz grupo, multidão, maioria, unanimidade, como acontece no cinema, torna-se um idiota no meio de idiotas. Não estarei insinuando nenhuma novidade se afirmar que nunca houve uma multidão inteligente.

O livro que nós não lemos não nos faz falta nenhuma. A única besta integral é a que leu quarenta mil volumes.

Admiro Gilberto Freyre, Guimarães Rosa ("um reacionário") e, principalmente, Jorge de Lima.

A literatura brasileira está deplorável. Talvez seja por isso que os humoristas resolveram agora ser profundos.

Antigamente o humorista fazia graça. Pagava o leite do caçula e o sapato da mulher com piadas. Outro dia fui chamar um humorista de humorista e ele se ofendeu: "Humorista é você". Não posso chamar Millôr Fernandes de humorista porque seria insultá-lo. Na verdade, ele quer ser é profundo. Sua última piada é anterior à vacina obrigatória. E a profundidade de nossos humoristas é dessas que uma formiguinha atravessa com água pelas canelas. Gosto dessa piada. Não perco a oportunidade de repeti-la.

A PALAVRA "ADAPTAÇÃO" DIZ TUDO. SE FOI "ADAPTADA" A OBRA literária passa a ser outra. Pelo mesmo motivo, não gosto de ser traduzido. "Traduzir" é ser falsificado. A peça que passa a ser filme vira a antipeça. Assim, *Bonitinha, mas ordinária, O beijo no asfalto, Boca de Ouro* e outras, quando transpostas para a tela, parecem-me uma caricatura de mim mesmo. Diga-se que o filme *Boca de Ouro* ainda é uma tentativa de teatro filmado.

Na minha opinião, o cinema não chega a ser uma arte. Daqui a seis mil anos, talvez o seja.

Na minha obra, não percebi nenhuma influência cinematográfica. Os filmes que vi até hoje servem-se de vários processos de narração romanesca. O *flashback* está neste caso.

Não vejo evolução da linguagem cinematográfica a partir da década de 1940.

O cinema quando sai de 1920 passa a ser uma paródia cômica de si mesmo.

De uns tempos para cá, já li vários ensaios em que se anuncia a morte do romance. Há uns dois anos, ou menos do que isso, uns rapazes anunciaram da escadaria do Municipal a morte da palavra etc. etc. A tal "urgente renovação do romance" não me parece necessária. O cinema é que, a meu ver, continua na pré-história.

A meu ver, o problema mais grave do cinema brasileiro é o diretor que se faz passar por inteligente e, não raro, por gênio. Daí o abismo que se cavou entre público brasileiro e seu cinema. Vendo alguns filmes nossos, por vezes, tenho vontade de gritar, como se o diretor estivesse na tela: "Seja burro, pelo amor de Deus, seja burro". Acredito que um pouco de burrice não faria mal a certos diretores.

Não há base para restrição ao nosso idioma no cinema. A nossa língua tem sido uma boa desculpa para os que a assassinam. Mas na verdade é a grande inocente. Sem medo de ser acaciano, direi que se pode fazer obra-prima em qualquer língua viva ou morta.

Daqui a seis mil anos e quando, então, o cinema for arte, talvez pense em fazer um filme ou, pelo menos, fazer um roteiro.

A partir do momento em que uma imagem aparece e desaparece, ela perde para a linguagem escrita, que perdura. Esse é um aspecto fundamental do problema, que deveria colaborar para tornar os dois gêneros coexistentes.

Cinema eu considero uma experiência sem validade artística, aliás, cinema para ser arte tem que rebolar muito. O camarada tem que ser um gênio. O diretor tem que ser um gênio para fazer cinema de arte.

O texto literário continuará existindo daqui a mil e duzentos anos. Ele não morre, porque se ele morrer o mundo começará a morrer junto.

Quanto à crítica, Sábato Magaldi é o único crítico de teatro que nós temos. Yan Michalski é um belo nome para violinista húngaro. Henrique Oscar, nem ao menos um belo nome, nunca existiu. Paulo Francis, o teatro dramático nos separou, o teatro lírico nos uniu. Ele pelo menos tem a coragem suicida de dizer o que pensa. A crítica de cinema ainda é pior. A crítica literária idem. Antonio Candido é o falso grande crítico.

O cinema nacional dá pé, quando desaparecer o Cinema Novo, até o último vestígio.

O MELHOR CINEMA DO MUNDO É O DE HOLLYWOOD — E É O ÓBvio ululante.

Ainda não vi bangue-bangue ruim. E há os filmes de vampiro... Tenho nostalgia de filme de vampiro.

O cinema francês é como o italiano: um conto do vigário. Ambos são cinemas de moedeiros falsos.

Fiquei meio desiludido quando Orson Welles disse que não era um gênio. O sujeito que não se considera um gênio não deve se dedicar a fazer arte ou literatura. Então que faça filhos e, se já tem oito, que continue fazendo.

Não consigo admirar *Cidadão Kane* — é um Pirandello muito suburbano. No *Boca de Ouro*, em vez de uma única verdade de cada um, eu uso setecentas mil verdades de cada um. No Orson Welles, eu gostei d'*O processo*. Nunca vi uma plateia tão respeitosa porque não estava entendendo nada.

Vi *O encouraçado Potemkin*. Mas a gente acaba nunca sabendo se a obra de esquerda é boa ou se o sujeito está sendo vítima de uma coação irresistível.

Acho que, do cinema brasileiro, salva-se *Toda nudez será castigada*. Tudo o mais é um *pot-pourri* de influências. A rejeição de *Toda nudez* pela Comissão de Seleção do Festival de Cannes é uma das provas da minha vitalidade. É pelo fato de não ser eu um autor oficial.

Na mostra paralela, foi um sucesso. A plateia gostou sempre, inclusive da cena do delegado, que a Censura cortou aqui. O filme foi convidado para o festival de Berlim. Nelson Pereira dos Santos chegou da Europa e disse que *Toda nudez será castigada* é quinhentas vezes melhor do que *O último tango em Paris*. Pelo que eu ouvi falar, *O último tango em Paris* é uma antologia de truques. Bertolucci é um moedeiro falso.

No cinema, já rendeu três bilhões antigos e ainda tem cinco anos para fazer bilheteria. Íamos ao Roxy ver as multidões, Jabor ia presenciar seu enriquecimento. Eu ia de gaiato. Só tenho percentagem nas vendas para o exterior.

Meu destino é pecar, de Manuel Peluffo, é ruim demais. Tanko é sério (J. B. Tanko filmou dois: *Asfalto selvagem* e *Engraçadinha depois dos trinta*). Gostei do *Boca de Ouro*, de Nelson Pereira dos Santos. De *Bonitinha, mas ordinária*, gosto das minhas falas. Flávio Tambellini n'*O beijo no asfalto* é o Kafka do circo democrata.

A falecida, feita pelo Leon Hirszman, sou eu, sem humor. Meu diálogo tem dupla face. É patético e humorístico. Leon Hirszman expulsou o humorístico e pegou só o patético. Foi um fracasso de uma coerência formidável.

O negócio é o seguinte: qualquer peça dá margem a mil interpretações sem falsificá-la, mas o que eu acho é que, no caso d'*A falecida* (o filme), estou reclamando a tal ausência do elemento humorístico que existe na minha peça.

Por exemplo, o nosso querido Nelson Xavier... Um dia eu apareci lá pra ver umas filmagens e vi o Nelson Xavier representando o cafajeste dionisíaco, carioca, e ainda por cima o papa-defunto, como se fosse o Laurence Olivier, um lorde inglês. Fiquei assombrado, e depois chamei ele num canto e disse: "Ó Nelson Xavier, pelo amor de Deus, você não está na Câmara dos Comuns. Te põe aqui numa funerária de quinta classe, ouviu? Que é que há?". Mas ele continuou. Fui falar com Leon Hirszman: "O Nelson Xavier está aí, um lorde, manda ele sair da Câmara dos Comuns". E ele disse "vou falar", e não falou. Depois, o Nelson Xavier veio dizer: "Olha, você tinha razão", mas isso depois de ter acabado o negócio.

Toda nudez, ao contrário do que pensa o Jabor, é um filme que tem todos os meus defeitos.

Toda nudez foi exatamente o que pensei e escrevi. A transposição feita por Jabor, do teatro para o cinema, foi sensacional, e o trabalho de Darlene Glória foi digno do cinema mundial.

Já o mais grave defeito do Jabor é a admiração dele pelo Godard. Jabor crescerá de maneira fantástica quando brigar com todas as suas atuais amizades. O Jabor só não é muito maior porque não é reacionário, mas, um dia, ele o será e nós assistiremos à explosão de seu gênio.

Nunca vi ninguém com mais vocação para aristocrata do que o Jabor. Aliás, com relação a isso, entre as minhas maiores admirações está o Roberto Campos; outra é o Mário Henrique Simonsen.

Vi *Terra em transe*. Seria genial se fosse anterior ao *Oito e meio* (*Otto e Mezzo*), do Fellini.

O Cinema Novo é uma pose. O ser humano gosta muito de posar. Jabor era falsamente do Cinema Novo. As pessoas agora só o cumprimentam por hábito adquirido. Jabor agora só tem ex-amigos.

Não abdico do mau gosto. É uma virtude fundamental. Todo mundo está dentro d'*O casamento*. Quanto mais as pessoas se encontram no livro mais furiosas ficam. Não aceitam a própria lama.

Meu teatro tem algo de cinematográfico. Ações simultâneas, tempos diversos, o que, por exemplo, caracteriza *Vestido de noiva*. Fiz por intuição. Todo grande teatro inclui o elemento teatral e cinematográfico. Toda grande peça pode dar um grande filme. Gostei de *Ricardo III* no cinema.

Alguns dos meus personagens seriam cinematográficos. A grã-fina de narinas de cadáver, o vago marxista, o Palhares que é o canalha, o intelectual brasileiro socialista, isto é, o débil mental de babar na gravata, o falso cretino, isto é, o sujeito inteligentíssimo que se finge de imbecil para ter livre trânsito no grã-finismo e na "festiva" etc.

Sou admirador de Vicente Celestino porque é chapliniano. Uma revisão crítica dele demonstrará isso. "O ébrio", "Coração materno" e aquela canção-tango maravilhosa "eu ontem rasguei o teu retrato, ajoelhado aos pés de outra mulher..." — é como Chaplin. Não é à toa que fez setenta anos de sucesso.

Nenhum dos filmes feitos sobre o futebol é bom, embora o futebol seja cinematográfico. A exceção é o bom documentário da Copa do Mundo de 1970, feito pelo Carlinhos Niemeyer, *Brasil bom de bola*.

Achei todas as adaptações para o cinema magistrais.
Estou fascinado por A dama do lotação.

A DAMA DO LOTAÇÃO É UMA HISTÓRIA DE "A VIDA COMO ELA É...", mas com novas situações. Não existe mais lotação. Mas o título é forte e por isso será mantido.

O filme será um impacto muito grande, as pessoas se sentirão esmagadas. Eu creio que vai fazer sucesso até no Polo Norte. Esquimós subiriam pelas paredes ao vê-lo. Deixa o sujeito atônito diante das grandes verdades nem sempre ditas ou reveladas.

É impossível ver *A dama do lotação* de forma indiferente. A pessoa vai ver que o que melhora o ser humano é o sofrimento. Chorar é bonito. O ser humano precisa chorar. Eu acho isso lindo. Seria capaz de pagar uma mulher para vê-la chorando.

Qualquer mulher é suburbana. A grã-fina mais besta é chorona como uma moradora do Encantado e Del Castilho.

EU GOSTO MUITO DE TELEVISÃO, ACHO UMA COISA VÁLIDA, UM estímulo. Acho a televisão uma coisa afrodisíaca. O fato de se estar em contato com oitocentas mil pessoas de uma vez é sério é um fato muito transcendente.

Quando comecei a fazer novela de televisão, queria fazer folhetim. Mas folhetim no duro, bem cabeludo, com tesouros etc… Nunca me deixaram fazer isso, pois eles pediam novelas de costumes. O pessoal querendo intelectualizar o negócio e eu todo a fim de fazer folhetim propriamente dito. Se você quiser elevar o folhetim fica ridículo, atroz. O bom folhetim é isso: fazer coisas tremendas, adúlteras fugindo em carruagens. O folhetim é um gênero imortal, mas como tal.

Não acho que o folhetim deturpou a novela, eu gosto de novela. Eu me interesso por novela justamente porque ela atinge aquela zona de puerilidade que é eterna no ser humano.

O espectador está lá, à espera da telenovela e, se se altera isso, é uma ignomínia. Isso do sujeito querer melhorar o nível da novela é como dizer ao palhaço: "Que colarinho é este? Isto não é colarinho". Perdão, posteridade, perdão!

Acho que o palhaço tem que usar aquele colarinho, um colarinho certo, justo. O sapato tem que ser assim e tem que ter aquele riso rasgado, isto é uma característica fundamental. Aquilo não se dirige ao filósofo alemão, mas à parte pueril do filósofo alemão. Então palhaço é válido. Como tal, tem uma categoria artística.

Eu gosto da televisão brasileira. A única coisa que eu acho infame — e outro dia num almoço do Walter Clark todo mundo falou — é que "a televisão deve educar", tem "missão social" etc. E no fim, falei eu, que comecei a dizer "não chateia o pobre do brasileiro, pobre e subdesenvolvido, com educação e cultura, não vamos ser chatos, não vamos fazer uma televisão chata". Eu recebi uma consagração, porque ninguém está a fim de educação, ninguém quer nada com educação e quase me carregaram em triunfo.

Durante minha infância e juventude, não existia cobertura de televisão. Agora, a TV Globo pega qualquer acontecimento e promove imediatamente, com aquelas nossas queridas estagiárias, ou redatoras, ou repórteres, enfiando microfone na cara até de presidente da República, de rei, de tudo. O cara vem e leva um susto quando vê aquela coisa. Já vi quinhentos caras tomarem susto, embora empolgados com a história de falar na televisão. Porque no Brasil não há um sujeito que não goste de falar na televisão. Há poucos dias vi um de nossos políticos, um dos maiores, falar na televisão acompanhado por um cortejo de senhoras. Parecia Napoleão na hora em que foi coroado diante do papa.

O sexo e a violência existem e aí estão para quem quiser confirmar. Não inventei nenhum dos dois. Se tomarmos ao pé da letra esta afirmação dos egrégios censores, tudo poderá ser proibido; assim, *Branca de Neve* poderia induzir à dissolução da família e à violência, *O Pequeno Polegar* poderia induzir ao homicídio ou à violência dos menores contra os maiores.

Uma vez escrevi uma novela de televisão que foi retirada do ar depois de alguns capítulos — no entanto, era uma obra de amor, inócua e imaculada.

A morta sem espelho, que escrevi para a TV Rio, foi a primeira novela da história das novelas. A Censura, sem querer conhecer o assunto, disse que jamais permitiria uma obra minha às oito da noite. E era uma história de Delly.

Chamaram dom Hélder para opinar. Mas, então, ele vira-se para mim e diz assim: "Mas você, Nelson, fazendo concessões...". Eu digo: "Não estou fazendo concessões, quem está fazendo concessões é o gênero". O sujeito que faz a novela sabe o que a novela é, o que deve ser, o que deve dizer, o que deve exprimir.

Novela é um gênero de concessão, e eu fiz diversas vezes Montecristo etc., e não me arrependo.

Minha matéria-prima, como dramaturgo, são as coisas permanentes do homem.

Não atribuo à guerra a menor importância teatral. Ela não significa nada. Muito mais trágica do que as duas guerrinhas deste século é a dor de cotovelo. Pelo menos, muito mais especificamente teatral. As guerras passam e a natureza humana fica.

Nada transforma o homem. Nada mais cretino e mais cretinizante do que a paixão política. É a única paixão sem grandeza, a única que é capaz de imbecilizar o homem.

Não me interesso. Só uma zona de minha personalidade se deixa tocar pela política, é a demagógica que existe em todos nós.

Os movimentos políticos de massa aumentam apenas a minha necessidade de solidão.

As reivindicações coletivas me deixam indiferente. Acho ridículo, por exemplo, esse movimento dos funcionários pró-aumento. Se eu fosse empregado público, jamais participaria de um movimento assim.

A fome não tem a menor importância dramática, teatral. Não impressiona, nem emociona ninguém. Não vale nada. Falo dessa fome retórica, que não se individualiza e que apenas se presta à literatura de segunda ordem. É desprezível, não tem grandeza.

A mulatinha que no Encantado toca fogo na roupa tem mais valor dramático e poético do que quinhentos mil chineses urrando de fome.

Eu só sei viver com minha língua e minha pátria.
Sou um homem da minha rua.

A PRIMEIRA TERRA-MÃE QUE TIVE FOI PERNAMBUCO, A SEGUNDA foi o Rio de Janeiro. Agora, o homem existe — isto é o que eu quero dizer para explicar o meu horror a viagens — em função do vizinho, em função da rua, em função das esquinas que ele percorre, dos credores, fornecedores, paisagens. Quando o homem se separa disto, então ele deixa de existir.

Acho que o mundo é a casa errada do homem. Um simples resfriado que a gente tem, um golpe de ar, provam exatamente que o mundo não quer nada com o homem, é um péssimo anfitrião. O mundo não quer nada com o homem, daí as chuvas, o calor, as enchentes, daí toda a sorte de problemas que o homem encontra para sua acomodação que, aliás, nunca se verificou. O homem no inverno tem que usar guarda-chuva, capa, tem que se cobrir, e no verão tem que tomar gelado. Quer dizer, o homem nasceu aqui por um equívoco, um engano.

O homem devia ter nascido num lugar onde ele não tivesse que usar guarda-chuva nem galocha, onde ele tivesse uma acomodação plena e paradisíaca.

O homem deveria ter nascido no paraíso, o mundo evidentemente não é a casa do homem. Por isto mesmo é que o sujeito precisa ser muito mais fiel à sua paisagem. Por isto é que eu digo que viagem não adianta. Não adianta nada você passar quarenta e oito horas em Paris, como o Otto passou agora. É como se você passasse pela Ava Gardner e dissesse: "Boa noite, minha senhora", e saísse crente que a tivesse possuído. Isto é exato: o sujeito passa por Paris, dá boa noite a Paris, isto não significou nada no sentido de enriquecimento pessoal, isto é zero. Só se você fizesse o que eu fiz de Pernambuco para o Rio, e começasse a morar em Paris. Então Paris começaria a existir para você e você para Paris. Porque paisagem é hábito visual, só começa a existir depois de mil e quinhentos olhares. Depois de uma convivência visual entre você e ela, então Paris passaria a existir. A Escandinávia passaria a existir, porque ainda não existe para o Otto, por exemplo, como não existe para o Paulinho. Porque o Paulinho uma vez fez a volta ao mundo, demorou-se em cada lugar quinze minutos e voltou triunfante como o César glorioso, pensando que isto era uma experiência capital, quando não foi rigorosamente nada. E acontece com os que viajam o que aconteceu com o Otto: ele voltou a existir quando desembarcou ali no Galeão. E um cara que o conhecia vagamente abriu os braços para ele e disse: "Otto, meu amor". Aí sim, aí ele se reinstalou na vida real, porque a viagem é justamente o exílio da vida real.

O horizonte de São Paulo tem cinco metros e é sempre uma parede. Como a nossa literatura. Quando vou lá me sinto um personagem de Jack London, com vontade de sentar no meio-fio e chorar o aviltamento do frio.

UMA VEZ FIQUEI GRAVEMENTE DOENTE, DOENTE PARA MORRER. Recebi em três meses de agonia três visitas, uma por mês. Note-se que minha doença foi promovida em primeiras páginas. Aí, eu sofri na carne e na alma esta verdade intolerável: o amigo não existe. Ou eu dou muito pouco, ou os outros não aceitam o que tenho para dar.

Eis o que eu queria dizer: o amigo possível e certo é o desconhecido com que cruzamos por um instante e nunca mais. A esse podemos amar e por esses podemos ser amados. O trágico na amizade é o dilacerado abismo da convivência.

Eu é que sou amigo de ambos, Hélio Pellegrino e Otto Lara Resende. É possível que um de nós ame alguém. O difícil (não quero dizer impossível) é que esse alguém nos ame de volta. Hoje, almocei com Hélio Pellegrino, como faço todos os sábados. Por causa dc uma opinião minha, ele, com a sua cálida e bela voz de barítono de igreja, dizia para mim: "É mentira, é mentira!". Nunca me ocorrera, nesta encarnação ou em vidas passadas, chamá-lo de mentiroso. Naquele momento, ele pôs entre nós a mais desesperada e radical solidão da Terra. Tal agressividade não deveria existir na história da amizade. Cabe então a pergunta: e por quê? Resposta: é impraticável a discussão política nobre. Sempre que pensa politicamente, o sujeito se desumaniza e desumaniza os problemas. Estou dizendo isso com a maior, a mais honrada, a mais inconsolável amargura.

EU SOU UM ROMÂNTICO NUM SENTIDO QUASE CARICATURAL. Acho que todo amor é eterno e, se acaba, não era amor. Para mim, o amor continua além da vida e além da morte. Digo isso e sinto que se insinua nas minhas palavras um ridículo irresistível, mas vivo a confessar que o ridículo é uma das minhas dimensões mais válidas.

O sexo sem amor é uma cristalina indignidade. Sempre que o homem ou a mulher deseja sem amor se torna abjeto. Uma mulher não tem o direito de se despir sem amor. Mesmo o biquíni, mesmo o decote, e repito, nenhuma forma de impudor é lícita se a criatura não ama. Se a criatura não ama, não pode usar biquíni, ousar certos decotes ou qualquer outra forma de impudor.

Quando eu morava em Aldeia Campista (teria meus sete, oito anos), mudou-se para nossa rua uma mocinha que, já no segundo dia, era o escândalo de todo o bairro. Jeitosa de corpo e de rosto, tinha um gênio que Deus te livre. E nunca vi ninguém mudar tanto de namorado. Dois, três por semana.

Era como se namorasse para brigar. Xingava os rapazes, batia-lhes com o salto do sapato, um caso sério. Quando passava havia o cochicho pânico: "Namora de navalha na liga". Certa vez, o pai, alto funcionário da Casa da Moeda, passou-lhe um sermão: "Minha filha, não se humilha um homem". Desta vez, a menina chorou. Respondeu assoando-se no lencinho: "É esse meu gênio, papai. Sou uma fera".

Ora, quando a própria mulher se reconhece uma fera, está tudo liquidado. O velho pai lavou as mãos; suspirou para a mulher: "Nenhum homem pode suportar minha filha por mais de três dias". Pois bem. E, súbito, a menina começa um outro namoro. A rua inteira vaticinou: "Vai durar três dias". O rapaz tinha uma singularidade: bebia café pelo pires. Eis o que eu queria dizer: da noite para o dia a menina mudou.

Quando o namorado despontava, lá adiante, ela começava a tiritar de humilde. Em vez de se esganiçar, como das outras vezes, falava baixo e doce. Era de uma docilidade absurda e inédita. O pai abria os braços para o céu: "O que é que há com a minha filha?". E, de fato, ninguém entendia que a mesma mulher pudesse ser uma víbora, uma lacraia para todo mundo e uma santa para aquele rapaz.

Só muitos anos depois, vi tudo. É o homem certo que faz a grande mulher.

A mulher tem diluído em seu sangue milênios de submissão, e quando o homem não a domina, ela passa a desprezá-lo.

Não entro na minúcia de dizer em que lugar a mulher deve apanhar, mas sei que ela sente a nostalgia do homem das cavernas. Ai do homem que, no momento certo, não reage como um Brucutu.

Acho que o fato de eu nunca ter batido em mulher e tratá-las bem explica meus sucessivos fracassos amorosos.

Para bater na mulher, não é preciso ser casado, o homem pode ser namorado, noivo ou amante. O jogo amoroso exige na hora certa a violência masculina.

Já a mulher que bate no marido é inadmissível, porque então ela estaria invertendo toda a convivência amorosa.

Acho que todos os chamados movimentos de libertação feminina são liderados por machos mal-acabados. Não aceito ser chamado de porco chauvinista, porque minha posição decorre exclusivamente da natureza humana.

Sei que muitas mulheres não apanham do marido, mas elas continuam gostando do homem durão, o delicado não tem graça. Às vezes a gente vê casais se separando e se espanta, se davam tão bem. Motivo? Ele não bateu. Não usou sua implacabilidade. Mas, reconheço, nem todas as mulheres gostam de apanhar; as neuróticas reagem.

Sou contra o divórcio. Não se abandona nem uma namorada, quanto mais uma esposa!

O divórcio não resolve nada. Não resolve o problema da fidelidade também, não. Porque a infidelidade não resulta da falta de amor. Na maioria absoluta dos casos, trata-se de uma aventura acidental e desnecessária que a lei do divórcio não vai evitar. A amante tem todos os defeitos da esposa e nenhuma de suas qualidades. O divórcio

MULHERES TRAEM HOMENS PORQUE ELES SÃO CRETINOS FUNDAMENTAIS.

O ADULTÉRIO É UMA VINGANÇA DA MULHER.

virá, ao contrário, estimular a infidelidade. Uma esposa infiel, por exemplo, em vez de trair apenas o marido, com o divórcio trairá um segundo, um terceiro e um quarto...

Geralmente a mulher gosta mais do marido do que do amante. Porque ela também só tem um marido verdadeiro.

O divórcio é uma solução para os casamentos que apodrecem. O divórcio é, na pior das hipóteses, uma tentativa. O homem parte para nova experiência matrimonial e tem este direito, já que falhou na primeira vez.

Só se tem uma verdadeira mulher. O marido não se liberta dessa verdade nem depois que ela morre. Por isso mesmo, acredito que o viúvo que se casa está incidindo no mais grave e no mais pusilânime dos adultérios, que é o adultério contra um morto. A morte é simples e normal ausência: não se trai uma pessoa só porque ela não está presente. Em vez de adotarmos o divórcio, precisamos de leis que prendam mais os cônjuges um ao outro. Uma lei proibindo os viúvos de se casarem, por exemplo... enquanto não houver essa lei, a expressão "casamento indissolúvel" está sendo burlada.

Toda vida humana se baseia no sacrifício e na renúncia. Pequenos e grandes sacrifícios. Isso é da contingência da vida, é próprio do destino terreno da criatura. Pode ser desagradável, mas é verdade. O agradável, de resto, não é o ideal de ninguém. Quando somos infelizes no casamento, não podemos, por isso, pedir ao Estado que nos reconheça o direito de casar de novo. A mulher é uma só, como é um só pai. Se o nosso pai é defeituoso, não adianta requerer ao Estado um segundo. E se acaso o Estado reconhece esse tolo direito, o que se sucede é que fingiremos iludir-nos, com uma mulher falsa, com um falso pai...

HÁ PESSOAS QUE CASAM E LÁ NA SACRISTIA ESTÃO OS CONVIDA-dos fazendo apostas sobre a duração daquele casamento. E você pode ficar sossegado porque aquele casamento está inteiramente liquidado antes do começo.

A morte de um amor é pior do que a morte pessoal e física.

MINHAS OBSESSÕES SÃO AMOR E MORTE. A MORTE É SOLÚVEL, porque desemboca na eternidade. O amor é insolúvel. Esta é a grande desgraça humana. Daí a infelicidade carnal da criatura, na qual vejo a mais pura substância dramática, tudo na vida tem solução, menos o problema da carne para aquele que perdeu a inocência. É este, de fato, o único problema do homem.

Eu acho que a mulher só deve se entregar ao ser amado. Não através da instituição matrimonial, nada disto, embora eu ache o casamento uma fórmula válida para você resolver o seu problema amoroso. Quando o amor está em causa, o que é muito raro.

Sou uma das raras pessoas das minhas relações que acredita no amor eterno. Já escrevi mil vezes: todo amor é eterno e, se acaba, não era amor. O amor não morre — vivo eu dizendo. Morre o sentimento que é apenas uma imitação do amor, muitas vezes uma maravilhosa imitação do amor.

Diz Oswaldinho: "Quando eu a vi, senti que não era a primeira vez, que eu a conhecia de vidas passadas", eu deixo entrever um pouco de mim mesmo. Isso quer dizer que só quem ama conhece a eternidade. Sou uma alma da *Belle Époque* e, de vez em quando, me pergunto o que é que estou fazendo em 1974.

Eu fui o homem que chorou em *Love Story*. E comigo chorava a plateia. Eu via sujeitos tirando lenço do bolso e assoando-se com um ronco medonho. Essa emoção que o cinema moderno tem tão pouca é que salva *Love Story*. Pode-se negar sua qualidade artística, mas não se pode negar o sofrimento do mal de amor que ela nos causa. O sujeito sai do cinema com uma vontade absurda de um amor impossível. Afinal, o espectador está chorando o amor que não teve.

Eu acredito que nós voltamos, que o nosso destino terreno é uma sucessão de ressurreições. Acho que ninguém acaba de todo, ninguém acaba para sempre. Acho que cada um de nós já vivia antes do Paraíso.

A partir de certo momento da peça *Anti-Nelson Rodrigues*, Oswaldinho não consegue mais desejar nenhuma mulher. Só Joice o fascina. É como se os dois fossem o primeiro, único e último casal da Terra. Estão juntos para sempre e nem a morte será a separação.

Amigos, estou batendo esta crônica e, ao mesmo tempo, ouvindo uma valsa linda, que o rádio do vizinho está tocando. Identifico a melodia. É uma valsa que não envelhece e que se chama "Quando morre o amor". Sempre a ouço com encanto e, mesmo, com uma certa mágoa. O que é bonito dói na gente. E só não concordo com o título. Nenhum amor tem, ao morrer, esta doçura evocativa, esta melancolia dilacerada. O título da valsa deveria ser: "Quando o amor nasce".

Eis a verdade: o amor que morre não deixa nenhuma nostalgia, e eu diria mesmo, não deixa nada. Ou por outra: deixa o tédio. O que nos fica dos amores possuídos e passados é simplesmente o tédio, talvez o ressentimento, talvez o ódio. Abominamos o ex-ser amado. Intimamente, nós o acusamos de ter destruído o nosso sonho. E vamos e venhamos: que coisa atroz é o amor que deixou de sê-lo. Mas o que eu queria dizer é o seguinte: há um equívoco na valsinha nostálgica.

Eu diria, ainda, que a morte de um amor é pior do que a morte pessoal e física. Só uma coisa espanta: que se possa sobreviver a um amor. Eu me lembro de um vizinho que tive na minha adolescência. Era um rapaz igual a milhares, igual a milhões. De uma larga e irresistível simpatia humana. O seu "bom-dia" não era polidez, mas amor. Pois bem, um dia, esse rapaz ama. Foi uma paixão de vizinhos. Aconteceu, então, o seguinte: ele entregou-se ao amor, pôs no amor a generosa tonalidade do seu ser.

Mas enquanto ele fazia um amor de ópera, com um certo halo de tragédia, a menina era uma superficial, uma frívola ou, como nós chamamos convencionalmente, uma "cabecinha de vento". Ela não sentia, no seu romance, o peso do sonho. Até que, uma tarde, na cidade, o rapaz a vê, de passagem, num táxi, com um homem casado. O que houve, nele, antes da dor, foi o espanto. Disse para si mesmo: "Ela me trai. Eu sou traído". E o pior é que não sofria. Voltou para casa com a alma vazia de desespero. Essa impossibilidade de sofrer foi o mais duro dos castigos.

Que faz o rapaz? Chega em casa, tranca-se. E, diante do espelho, mete uma bala na cabeça. A princípio, todos deduziram: "Matou-se por amor". Depois, entretanto, descobriram, em cima de uma mesinha, um bilhete. Lá estava escrito: "Morro porque deixei de amar". A rua, o bairro, ou a cidade sentiu nessas palavras finais uma espécie de canto da solidão infinita. Eis a verdade: quem experimenta o verdadeiro amor já não sabe viver sem ele.

Cabe então a pergunta: pode-se saber quando um amor morre ou, por outra, quando o amor começa a morrer? Nem sempre são as grandes causas que liquidam o amor. Às vezes, ou quase sempre, o que decide é a soma de pequeninos motivos. Um incidente mínimo pode valer mais que um insulto grave, uma ofensa mortal. Por exemplo: um bate-boca. Eu vos digo que é no primeiro bate-boca que o sentimento amoroso começa a morrer.

Contei, aqui mesmo, nesta coluna, o caso daqueles namorados da Tijuca (da Tijuca ou da Haddock Lobo, não me lembro bem). Era um amor de novela, de filme. "Nasceram um para o outro", diziam. E era tal o agarramento que, certa vez, no cinema, o vagalume incidiu sobre eles a lanterna. Houve ali um pequeno escândalo, felizmente abafado. Mas como eu ia dizendo: todo mundo estava convencido de que nada alteraria aquele amor, assim na terra como no céu. Até que, uma tarde, ele tem uma pequenina impaciência com a bem-amada e deixa escapar um "não chateia".

Parece pouco. E foi muito, foi tudo. Essa interjeição ordinária, essa expressão vil era uma mácula definitiva. Naquele justo momento, o amor adoeceu para morrer. Todos os fracassos matrimoniais vêm da soma — repito —, da soma de todos os "não chateia", de todos os "não amole", que vamos largando pela vida. A mulher que é simplesmente chamada de "chata" teria preferido uma ofensa mais grave e mais brutal.

Eu sempre digo que não é na recepção do Itamaraty que devemos ser perfeitos. Não. Devemos reservar o melhor de nós mesmos, de nossa delicadeza, de nossa cerimônia, de nosso charme, para a mais secreta intimidade do lar. É menos grave chamar de "chato" um embaixador, um ministro, do que o namorado, a noiva, a esposa, o marido. Se respeitássemos o nosso amor, não seríamos tão solitários e tão malqueridos.[3]

Eu recomendo aos jovens: envelheçam depressa,
deixem de ser jovens o mais depressa possível.

ANTES DE ESCREVER EU PENSO MUITO. LEVO MAIS TEMPO PENsando que escrevendo. Quando vou para a máquina, já está tudo resolvido.

Eu tenho tanta coisa para contar, para confessar, tantas histórias, que precisava de um espaço excepcional de nove atos. Fico pensando se essa peça deverá ser levada de uma vez ou em três dias consecutivos.

Será que o público brasileiro resistiria a nove atos, à formidável opressão de nove atos? É outra experiência que se fará. Acho, porém, que o público deve aceitar o tamanho de qualquer peça, que a sua função é estritamente pagante. Entre o público e uma obra de arte, quem tem razão é sempre a obra de arte.

Nessa minha peça de memórias, o que realizo é um mural do Brasil, onde todos terão o seu verdadeiro nome, e eu pretendo fazer um mergulho na realidade brasileira. Uma base para a minha nova peça é o meu livro de memórias, onde, sob muitos aspectos, creio ter-me realizado completamente. Não posso nem devo mudar, porque o interessante é o testemunho de minha vida por mim mesmo.

O mundo piorou, porque nós estamos piorando, ao contrário do que acha o Hélio Pellegrino. Nós estamos piorando cada vez mais, e eu considero o ser humano um caso perdido. E falo isto com a

---

3 Esta crônica, "Amor que morre", foi enviada à redação antes de seu internamento e publicada na *Folha de S.Paulo* em 22 de dezembro de 1980, na mesma página em que se noticiava a sua morte, ocorrida um dia antes.

mágoa de quem queria ser um santo. O único ideal que eu teria na vida, se fosse possível realizá-lo, era ser um santo. Eu queria ser um sujeito bom. A única coisa que eu admiro é o bom, fora disto não admiro mais nada.

A partir de certa idade, o homem espera a morte. Vou envelhecendo tristíssimo com o destino humano. De vez em quando, quero crer que o homem já fracassou. Que talvez uma guerra nuclear fosse a nossa solução. Mas a destruição não seria o fim de nada. Haveria sempre de sobrar um homem. Imaginemos por um momento esse homem sozinho naquela ilha da Sibéria onde não existem nem micróbios. O homem estaria mais só do que Deus. Nem essa solidão lhe daria paz. Desesperado, o homem arrancaria a própria carótida e a chuparia como um vampiro de si próprio.

A minha obra toda pretende um julgamento do mundo, da sociedade e do homem. É meu canto desesperado contra as coisas.

Eu queria dizer à juventude que seja livre. Se o homem, de uma maneira geral, tem vocação para a escravidão, o jovem tem uma vocação ainda maior. O jovem, justamente por ser mais agressivo e ter uma potencialidade mais generosa, é muito suscetível ao totalitarismo. A vocação do jovem para o totalitarismo, para a intolerância é enorme. Eu recomendo aos jovens: envelheçam depressa, deixem de ser jovens o mais depressa possível, isto é um azar, uma infelicidade.

Eu já fui jovem também e não me reconheço no jovem que fui. Eu só me acho parecido comigo até os dez anos e após os trinta. Eu já era o que sou quando criança. Na adolescência eu me considero um pobre-diabo, uma paródia, uma falsificação de mim mesmo. Depois, a partir dos trinta, eu me reencontro. Por isto, digo aos jovens: não permaneçam muito tempo na juventude que isto compromete. Eu recomendaria ainda aos jovens, aos que forem capazes disto, que sejam neuróticos. Porque a única forma de protesto que eu conheço em nossa época, já que o sujeito individualmente não pode fazer nada, é a neurose. A neurose é um protesto formidável, portanto à juventude eu recomendo: seja neurótico.

Seja livre e neurótico, o resto é só.

OBRAS

PEÇAS

A MULHER SEM PECADO (1942)

Drama em três atos

Olegário, casado com Lídia, é um paralítico que convive com os fantasmas e medos de sua imaginação doentia. Morre de ciúmes de sua mulher e desconfia de que está sendo traído. Com a ajuda de Umberto, o chofer, e de Inézia, a criada, tenta controlar a esposa. Suspeita de todos, inclusive de Maurício, irmão de criação de Lídia. Esta fica atordoada com as perguntas e cobranças diárias do marido e resolve tomar uma decisão drástica.

Teatro Carlos Gomes (Rio de Janeiro)
Grupo Comédia Brasileira
Direção: Rodolfo Mayer
Cenário: José Gonçalves dos Santos

Elenco: Isabel Câmara, Teixeira Pinto, Leila Lys, Rodolfo Mayer, Brandão Filho, entre outros
Estreia: 9 de dezembro de 1942

VESTIDO DE NOIVA (1943)
Tragédia em três atos
Alaíde sofre acidente misterioso e alucina entre a vida e a morte. Suas lembranças confundem o seu passado com o da prostituta Madame Clessi, de quem ela leu o diário. Tramas, assassinatos e mentiras envolvem Alaíde, o marido Pedro e a irmã Lúcia. Primeiro grande sucesso de público de Nelson Rodrigues.

A montagem é considerada um marco do teatro moderno brasileiro.

Theatro Municipal do Rio de Janeiro
Grupo Os Comediantes
Direção: Ziembinski
Cenário e figurino: Santa Rosa
Elenco: Lana Gray, Stella Perry, Carlos Perry, Luiza Barreto Leite, Brutus Pedreira, Edelweiss, Stella Graça Mello, Otávio Graça Mello
Estreia: 28 de dezembro de 1943

ÁLBUM DE FAMÍLIA (1945)
Tragédia em três atos
Jonas é casado com Senhorinha e, juntos, têm quatro filhos: Edmundo, Guilherme, Nonô e Glória. Jonas tem uma forte fixação por meninas de quinze anos. Tia Rute, irmã de Senhorinha, é encarregada de ir buscá-las para ele. Edmundo sente atração pela mãe, enquanto Glória é alvo da adoração de seu pai e de Guilherme. Nonô é o filho preferido de Senhorinha, mas enlouqueceu e anda ao redor da casa totalmente nu. Uma trama de ressentimentos, desejos proibidos e incestos.

Teatro Jovem do Rio
Direção: Kleber Santos
Cenário e figurino: Kleber Santos
Elenco: Luiz Linhares, Vanda Lacerda, Virginia Valli, Ginaldo de Souza, José Wilker, Adriana Prieto, Célia Azevedo, Thelma Reston, Paulo Nolasco, Thaís Moniz Portinho
Estreia: 28 de julho de 1967

ANJO NEGRO (1948)

Tragédia em três atos

Ismael é um negro inconformado com sua cor. Sua mulher Virgínia é alva como uma nuvem. Marido e mulher vivem isolados do mundo a fim de se esconderem de tudo e de todos, mas para a maldade não há esconderijos. Assassinatos, traições, vingança, incestos, amores impossíveis e até prostituição conseguem invadir os muros da casa da família. O preconceito é o personagem principal desta peça.

Teatro Fênix (Rio de Janeiro)
Direção: Ziembinski
Cenário: Ziembinski e Sandro Polloni
Figurino: Ziembinski
Elenco: Maria Della Costa, Orlando Guy, Joseph Guerreiro, Itália Fausta, Nicette Bruno
Estreia: 2 de abril de 1948

DOROTEIA (1950)

Farsa em três atos

Depois de alguns anos afastada da família, Doroteia, que havia resolvido se prostituir após a morte de seu amante, procura três primas para ter uma vida decente. Mas as três, todas viúvas, repudiam-na por causa de seu passado. Acham que, por ela ser linda, é propensa a atrair o pecado. No decorrer da história, inicia-se uma tentativa irracional de levar Doroteia ao caminho da virtude. O enredo envolvente e repleto de fantasias faz o espectador conhecer um mundo caótico, onde o feio é a representação da pureza.

Teatro Fênix (Rio de Janeiro)
Direção: Ziembinski
Cenário e figurino: Santa Rosa
Elenco: Luiza Barreto Leite, Nieta Junqueira, Rosita Gay, Dulce Rodrigues, Eleonor Bruno, Maria Fernanda
Estreia: 7 de março de 1950

VALSA Nº 6 (1951)
Peça em dois atos
Monólogo carregado de dramaticidade. Sônia é uma menina que acaba de completar quinze anos. Estudou nos melhores colégios, é educadíssima e tem obsessão pela "Valsa nº 6" de Chopin. No desenrolar da história, sempre com a "Valsa nº 6" tocando como pano de fundo, a menina vai revelando uma trama de assassinato, adultério, dupla personalidade, alucinações e conflitos entre o real e o imaginário.

Teatro Serrador (Rio de Janeiro)
Direção: Madame Morineau
Elenco: Dulce Rodrigues
Estreia: 6 de agosto de 1952

A FALECIDA (1953)
Tragédia carioca em três atos
Após consultar uma cartomante, Zulmira desconfia da infidelidade de seu marido, Tuninho, com sua prima, Glorinha. Resolve então aderir a uma Igreja Teofilista e não se entregar mais a nenhum homem. Zulmira assume os preparativos da própria morte, visan-

do causar inveja em Glorinha e em todas as outras mulheres da cidade com o luxo de seu enterro. Ela manda o marido ao encontro de um sujeito chamado Pimentel, o que desencadeia revelações surpreendentes.

Theatro Municipal do Rio de Janeiro
Direção: José Maria Monteiro
Cenário e figurino: Santa Rosa
Elenco: Sônia Oiticica, Sérgio Cardoso, Luiza Barreto Leite, Aurimar Rocha, Walter Gonçalves, Edson Batista, Orlando Macedo, Renato Restier, Luiz Oswaldo, Gusta Gamar, Marina Lélia, Leste Iberê, José Araújo, Waldir Maia, Miriam Roth, Lauro Simões, Guy Welder, Agostinho Maravilha, Maria Elvira, Leonardo Villar
Estreia: 8 de junho de 1953

SENHORA DOS AFOGADOS (1954)
Tragédia em três atos
Era a segunda vez que a família Drumond passava por aquilo. Primeiro foi Dora e, agora, Clarinha. A avó de Moema vivia apregoando que o destino das mulheres da família era o de serem levadas pelo mar. Coincidentemente, as mulheres do cais também estavam rezando pela alma de uma prostituta que morrera há dezenove anos, justamente no dia em que os pais de Moema se casaram. O pai de Moema é apontado na vizinhança como o assassino da "moça de reputação duvidosa".

Theatro Municipal do Rio de Janeiro
Direção: Bibi Ferreira
Cenário: Santa Rosa
Elenco: Nathalia Timberg, Wanda Marchetti, Sônia Oiticica, Carlos Mello, Ribeiro Fortes, Narto Lanza, Déo Costa, Ferreira Maia, Magalhães Graça, Maria Fernanda
Estreia: 1º de junho de 1954

PERDOA-ME POR ME TRAÍRES (1957)
Tragédia de costumes em três atos
Glorinha é uma adolescente levada por uma amiga ao prostíbulo de luxo administrado por Madame Luba para satisfazer as taras de milionários e políticos. Um dos seus clientes fixos é o velho deputado Jubileu de Prata. Seu tio Raul, que a criou após a morte da mãe e internação do pai, descobre sua vida oculta e tenta obrigá-la à pureza revelando terríveis segredos sobre o passado e exercendo cruel autoritarismo.

Theatro Municipal do Rio de Janeiro
Direção: Léo Jusi
Cenário: Cláudio Moura
Elenco: Nelson Rodrigues (atuando pela primeira vez, como tio Raul), Gláucio Gill, Abdias do Nascimento, Dalia Palma, Sônia Oiticica, Maria de Nazareth etc.
Estreia: 19 de junho de 1957

VIÚVA, PORÉM HONESTA (1957)
Farsa irresponsável em três atos
Ivonete, filha do dr. J. B. de Albuquerque Guimarães, diretor do jornal *A Marreta*, é uma moça muito jovem, porém viúva. Fora obrigada a se casar em função de um erro médico. Era muito ingênua, mas maliciosa. Após a morte de seu marido resolve se tornar uma mulher honesta. Seu pai, um psicanalista e, até mesmo, o diabo tentam encontrar uma solução para resolver o problema de Ivonete. Recorrem ao passado.

Teatro São Jorge (Rio de Janeiro)
Direção: Willy Keller
Cenário e figurino: Fernando Pamplona
Elenco: Grijó Sobrinho, Raimundo Furtado, Norma de Andrade,

Heitor Dias, André Luiz, Jece Valadão, Dulce Rodrigues, Rodolfo Arena, Geny Borges, Gessy Santos, Wilson Marcos
Estreia: 13 de setembro de 1957

OS SETE GATINHOS (1958)
Divina comédia em quatro quadros
As quatro filhas mais velhas de "seu" Noronha se prostituem, buscando, assim, preservar a pureza da quinta irmã, a caçula, Silene. Ela se torna símbolo de castidade e inocência para toda a família, principalmente para o pai. Mas todos acabam descobrindo que Silene está grávida e, com isso, têm início revelações assustadoras. O pai fica insano, desiludido ao saber que sua filha perdeu a inocência.

Teatro Carlos Gomes (Rio de Janeiro)
Direção: Willy Keller
Cenário: Bianco
Elenco: Jece Valadão, Sandra Menezes, Maria Amélia, Edson Silva, Joãozinho, Iracema Machado Lopes, Cordeli, Yolanda Cardoso, Sandoval Mota, Francisco Sacardi, Eugênio Carlos
Estreia: 17 de outubro de 1958

BOCA DE OURO (1959)
Tragédia carioca em três atos
Após a morte de Boca de Ouro, bicheiro famoso e temido em Madureira, repórteres apuram sua história, através de d. Guigui, ex-amante do criminoso, e descobrem uma teia de perversidade e morte que ronda o passado de Boca de Ouro. Tudo isso mostrado através de flashbacks que reconstituem as diferentes versões de d. Guigui sobre seu amado. O final é surpreendente, como não poderia deixar de ser em uma obra de Nelson Rodrigues.

Teatro Federação (atual Teatro Cacilda Becker, São Paulo)
Direção: Ziembinski
Figurino: Tulio Costa
Elenco: Miguel Carrano, Ronaldo Daniel, Gilson Barbosa, Raul Cortez, Florami Pinheiro, Dália Palma, Rubens de Falco, Célia Helena, Flora Basaglia, Margarida Cardoso, José Francisco, César Brasil
Estreia: 13 de outubro de 1960

O BEIJO NO ASFALTO (1961)

Tragédia carioca em três atos

Arandir é casado e um dia beija um rapaz, que acabara de ser atropelado por um ônibus. O incidente é visto por Amado Ribeiro, um repórter, que, aliado ao delegado Cunha, arma uma trama de mentiras e corrupção para incriminar Arandir e vender mais jornais. A surpresa fica por conta de Aprígio, que tem um grande segredo a ser revelado.

Teatro Ginástico (Rio de Janeiro)
Direção: Fernando Torres
Cenário: Gianni Ratto
Elenco: Fernanda Montenegro, Oswaldo Loureiro, Renato Consorte, Sérgio Britto, Ítalo Rossi, Mário Lago, Suely Franco, Labanca, Zilka Salaberry, Francisco Cuoco, Ivan Ribeiro, Suzy Arruda, Carminha Brandão, Marilene de Carvalho, Henrique Fernandes
Estreia: 7 de julho de 1961

OTTO LARA RESENDE OU BONITINHA, MAS ORDINÁRIA (1962)

Peça em três atos

Edgard é convencido por Peixoto a se casar com Maria Cecília, filha caçula de um milionário. Ritinha é sua vizinha que sustenta a mãe doente e as irmãs puras. Apesar de ser apaixonado por ela, Edgard não consegue resistir aos encantos do dinheiro. Durante toda a trama, a famosa frase de Otto Lara Resende, "O mineiro só é solidário no câncer", ganha proporções maiores e guia todos os personagens numa rede de prostituição, pederastia, suborno, estupro e interesses, com revelações surpreendentes.

Teatro da Maison de France (Rio de Janeiro)
Direção: Martim Gonçalves
Elenco: Carlos Alberto, Dinorah Brillanti, Tereza Rachel, Maria Teresa Barroso, Lisette Fernandes, Antônia Marzullo, Adamastor Câmara, Sílvio Soldi, Fregolente, Aurora Aboim, Pedro Pimenta, Léa Bulcão, Thelma Reston, José de Paula, Paulo Gonçalves, J. S. Zózimo, Gerson Pereira, Hercílio Nunes, Edson Nunes de Brito, Djalma Melin Filho, Fábio Neto, Waldir Fiori, Shulamith Yaari, Luiza Barreto Leite, Regina Schneider, Cloris Cavalcanti, Célia Dourado, Medeiros Lima, Arthur Salgado, entre outros
Estreia: 28 de novembro de 1962

TODA NUDEZ SERÁ CASTIGADA (1965)

Obsessão em três atos

Herculano, viúvo e conservador, é convencido pelo irmão a conhecer Geni, prostituta atraente, por quem se apaixona com a "obscenidade do casto". A paixão dele desperta a feroz oposição do filho de dezoito anos, que não admite ato sexual nem no casamento, e da "coleção" de tias solteironas, que moram com o viúvo. Estupro, homossexualidade, manipulação e infidelidades são enfrentados pelos personagens rodriguianos com a habitual intensidade que arrasta a todos e obriga cada um a mostrar sua verdadeira face.

Teatro Serrador (Rio de Janeiro)
Teatro Brasileiro de Comédia (São Paulo)
Direção: Ziembinski
Cenário e figurino: Napoleão Moniz Freire

Elenco: Luiz Linhares, Jacyra Costa, Nelson Xavier, Elza Gomes, Antônia Marzullo, Renée Bell, Cleyde Yáconis, Olegário de Holanda, Ênio Gonçalves, Alberto Silva, Ferreira Maia, José Maria Monteiro.
Estreia: 21 de junho de 1965

ANTI-NELSON RODRIGUES (1974)

Peça em três atos

Oswaldinho é um garoto rico, mimado pela mãe, Tereza, e desprezado pelo pai, Gastão. Leleco é amigo do rapaz desde a infância e seu companheiro de confusões. Joice é uma suburbana, filha de Salim, um simpático velho superprotetor, que de tudo desconfia. As histórias desses personagens se cruzam quando Tereza tenta convencer Gastão a dar a presidência da indústria Beija-Flor de Confecções a seu filho. O resultado é uma trama de assédios, ameaças, ciúmes e poder.

Teatro Nacional de Comédia (Rio de Janeiro)
Direção: Paulo César Pereio
Cenário e figurino: Régis Monteiro
Elenco: José Wilker, Sônia Oiticica, Nelson Dantas, Paulo César Pereio, Iara Jati, Neila Tavares, Carlos Gregório
Estreia: 28 de fevereiro de 1974

A SERPENTE (1980)

Peça em um ato

Lígia é virgem porque seu marido décio é impotente. Desesperada, ela ameaça se matar. Para evitar o suicídio, sua irmã Guida, que vive intensa vida sexual com Paulo, seu esposo, oferece-o a lígia para uma noite de amor. Consumado o ato, será possível aos cunhados esquecer a noite de amor? A oferta amorosa de guida desencadeia uma trama de ciúmes, desconfianças, ódio e manipulações.

Teatro do BNH (atual Teatro Nelson Rodrigues, Rio de Janeiro)
Direção: Marcos Flaksman
Cenário: Marcos Flaksman
Figurino: Manha Carneiro
Elenco: Carlos Gregório, Xuxa Lopes, Sura Berditchevsky, Cláudio Marzo, Yuruah, Luiz Fernando Zanith, Lúcio de Souza
Estreia: 6 de março de 1980

LIVROS

MEU DESTINO É PECAR (1944)

Sob pseudônimo de Suzana Flag. Folhetim publicado n'O Jornal, em 1944.

Leninha, uma jovem mulher com corpo de menina, é obrigada a casar-se com Paulo, devido a dificuldades financeiras enfrentadas por sua família. Mas ela não sente nada por ele a não ser ódio. Recém-casados, eles se mudam para a fazenda de Santa Maria e ela passa a ter que conviver com os familiares do marido, seus criados e amigos. Ela, que esperava fugir assim que chegasse, acaba presa na fazenda e uma repentina paixão por seu belo cunhado pode complicar ainda mais sua situação.

ESCRAVAS DO AMOR (1944)

Sob o pseudônimo Suzana Flag. Publicado originalmente em formato de folhetim n'O Jornal, no ano de 1944.

MINHA VIDA (1946)

Sob o pseudônimo Suzana Flag. Publicado originalmente como folhetim n'A Cigarra, no ano de 1946.

ASFALTO SELVAGEM. ENGRAÇADINHA: SEUS AMORES E SEUS PECADOS. V. 1: DOS 12 AOS 18 ANOS (1960)

Folhetim publicado no jornal Última Hora, *entre 1959 e 1960.*

A história começa quando doutor Arnaldo, homem de família e político eminente do Vale das Almas, em Vitória do Espírito Santo, se suicida inesperadamente. A população da cidade não consegue compreender o motivo do ato desesperado do pai da bonita Engraçadinha, que havia levado uma surra dele na noite anterior à desgraça. Por causa de uma indiscrição do médico da família, que comenta com alguém durante o enterro que encontrara o livro *Nossa vida sexual* debaixo da cama do morto, os moradores do local começam a imaginar motivos eróticos torpes para o suicídio. A boataria da população, que intimamente ansiava por um escândalo, vai longe.

ASFALTO SELVAGEM. ENGRAÇADINHA: SEUS AMORES E SEUS PECADOS. V. 2: DEPOIS DOS 30 (1960)

Vinte anos depois, Engraçadinha está casada com Zózimo e tem quatro filhos. Silene, a caçula, é a sua cara, e Durval, seu único filho homem, lembra Sílvio. Moram no subúrbio do Rio e vivem uma vida pacata até que voltam alguns personagens do primeiro volume. Um deles é o juiz Odorico, que continua apaixonado por Engraçadinha; outra é Letícia, que volta para infernizar a vida da prima.

A VIDA COMO ELA É... (1961)

Coletânea de textos publicados em coluna homônima do jornal *Última Hora*, entre 1951 e 1961. Posteriormente, Nelson Rodrigues continuaria a publicá-los no *Diário da Noite*, entre 1961 e 1962, e no *Jornal dos Sports*, em 1966.

Crônicas baseadas nas observações do autor sobre o comportamento e a vida cotidiana das ruas cariocas.

O CASAMENTO (1966)

Véspera da cerimônia de casamento de Glorinha, filha preferida de Sabino, empresário bem-sucedido, dono de uma imobiliária. Paira sobre o futuro genro a suspeita de homossexualidade. Quem acusa o noivo de pederastia é o ginecologista e amigo da família, dr. Camarinha. Alguém terá coragem de contar à noiva? Uma trama de desejos proibidos, amores impossíveis, sexo, violência e culpas, na qual os mais simples detalhes articulam-se para o desenlace final.

MEMÓRIAS: A MENINA SEM ESTRELA (1967)

Crônicas publicadas no Correio da Manhã *e reunidas, em 1967, pela Edições Correio da Manhã.*

O ÓBVIO ULULANTE (1968)

*Crônicas publicadas n'*O Globo *entre dezembro de 1967 e junho de 1968 e selecionadas pelo autor para publicação em livro.*

A CABRA VADIA (1970)

Reunião de crônicas publicadas por Nelson Rodrigues no final da década de 1960 no jornal O Globo.

O REACIONÁRIO (1977)

Crônicas sobre a política e a sociedade brasileiras publicadas nos jornais Correio da Manhã *e* O Globo, *entre as décadas de 1960 e 1970.*

O HOMEM PROIBIDO (1981)

Sob pseudônimo de Suzana Flag. Folhetim publicado no jornal Última Hora, *em 1951.*

Conta a história de duas mulheres que se apaixonam no mesmo dia pelo mesmo homem. Joyce ficou órfã muito cedo e foi criada por sua prima, Sonia, apenas seis anos mais velha. As duas, portanto, são mais do que irmãs. Agora têm a amizade ameaçada por causa de um homem. Um jogo de sedução e renúncia com rumos inesperados.

NÚPCIAS DE FOGO (1997)

Sob pseudônimo de Suzana Flag. Folhetim publicado n'O Jornal, em 1948.

As irmãs Lúcia e Dóris se apaixonam, no mesmo dia, pelo mesmo homem: Carlos, de uma beleza irresistível e noivo de Helena, que enlouqueceu ao flagrar sua irmã e Carlos se beijando. Envolvido numa nova disputa entre irmãs, Carlos tenta se afastar, mas se encanta por Lúcia. Enquanto Lúcia tenta abdicar do seu amor em favor da irmã, Dóris conta com a ajuda da maquiavélica e solteirona tia Clara, capaz de tudo para levar à frente essas núpcias de fogo.

NÃO SE PODE AMAR E SER FELIZ AO MESMO TEMPO (2002)

Sob o pseudônimo Myrna. Reunião de crônicas escritas por Nelson para o Diário da Noite, no ano de 1949, na coluna "Myrna escreve", um de seus famosos "consultórios sentimentais".

A MENTIRA (2002)

Romance-folhetim publicado de forma seriada em Flan, no ano de 1953.

A MULHER QUE AMOU DEMAIS (2003)

Sob o pseudônimo Myrna. Publicado como folhetim no Diário da Noite, no ano de 1949.

FILMES

SOMOS DOIS (1950)

Direção: Milton Rodrigues
Argumento: Leo Danila
Diálogos: Nelson Rodrigues
Fotografia: Ugo Lombardi
Música: Radamés Gnattali
Produção: Milton Rodrigues
Edição: Ugo Lombardi e Iva Lombardi
Elenco: Marina Cunha, Dick Farney, Sara Nobre, Sérgio de Oliveira, Norma Tamar, Carlos Cotrim
Duração: 91 min
P&B

MEU DESTINO É PECAR (1952)

Direção: Manuel Peluffo
Roteiro: Manuel Peluffo
Diálogos: Carlos Ortiz
Fotografia: Mário Pagés
Música: Enrico Simonetti
Produção: Mario Civelli
Edição: José Cañizares
Elenco: Antonieta Morineau, Rubens de Queiróz, Helmuth Schneider, Zilah Maria, Maria de Lourdes Lebert, Greta George, Nair Pimentel, Ilza Menezes, Carlos Ortiz, Solano Trindade
Duração: 72 min
P&B
Baseado em romance homônimo de Suzana Flag (pseudônimo de Nelson Rodrigues), publicado em 1944.

MULHERES E MILHÕES (1961)

Diretor: Jorge Ileli
Roteiro: Jorge Dória
Diálogos: Nelson Rodrigues
Fotografia: Rudolf Icsey
Produção: Gilberto Perrone
Música: Enrico Simonetti
Edição: Maria Guadalupe
Elenco: Luigi Picchi, Aurélio Teixeira, José Mauro de Vasconcelos, Mário Benvenutti, Norma Bengell, Glauce Rocha, Norma Blum, André Dobroy, Roberto Duval, Monah Delacy, Miriam Rony, Marlene França, Sergio Warnowck, Jean Laffont, Benito Rodrigues, Roberto Maya, Yasuo Yoshizawa, Daniel Filho, Império Montenegro, Luely Figueiró, Jece Valadão.
Participação especial: Odete Lara
Duração: 90 min
P&B

O REI PELÉ (1962)

Diretor: Carlos Hugo Christensen
Roteiro: Benedito Ruy Barbosa
Diálogos: Nelson Rodrigues
Fotografia: Mário Pagés
Música: Aloisio Viana
Produção: Fábio Cardoso
Edição: Waldemar Noya
Elenco: Pelé, Nelson Rodrigues, Celeste Arantes do Nascimento, Maria Lucia do Nascimento, Jair Arantes do Nascimento, Georgina Rodrigues, Athiê Jorge Curi, Vicente Feola, José Gonzalez, Carlos Ozores, Fábio Cardoso, Lima Duarte, Laura Cardoso, David Neto, Clementino Kelé, Eduardo Abbas, Maria Cecília, Nhá Barbina, Xisto Guzzi, Mário Alimari, Fabio Cardoso de Almeida Filho, Maria Luíza

Nascimento, João Franco etc.
Participação especial: Zito, Pepe, Tite, Pagão, Dorval, Lima, Maneco, Agostino Vasco, técnico Lula etc.
Duração: 114 min
P&B

BOCA DE OURO (1963)

Direção: Nelson Pereira dos Santos
Roteiro: Nelson Pereira dos Santos
Fotografia: Amleto Daissé
Música: Remo Usai
Produção: Jarbas Barbosa e Gilberto Perrone
Edição: Rafael Justo Valverde
Elenco: Jece Valadão, Odete Lara, Daniel Filho, Maria Lúcia Monteiro, Ivan Cândido, Adriano Lisboa, Maria Pompeu, Wilson Grey, Geórgia Quental, Shulamith Yaari
Duração: 103 min
P&B
Baseado em peça homônima de 1950. O filme é uma das melhores adaptações cinematográficas da obra do autor, e uma obra-prima do cinema brasileiro.

BONITINHA, MAS ORDINÁRIA (1963)

Direção: Billy Davis (pseudônimo de J. P. de Carvalho)
Roteiro: Jece Valadão
Fotografia: Amleto Daissé
Música: Carlos Lyra
Produção: Jece Valadão e Joffre Rodrigues
Edição: Rafael Justo Valverde e Lúcia Erita
Elenco: Jece Valadão, Odete Lara, Fregolente, Lia Rossi, Ida Gomes, André Villon, Angela Bonatti, Ribeiro Fortes, Milton Carneiro, Roberto Bataglin

Duração: 100 min
P&B
Baseado em peça homônima de 1962. Primeira versão cinematográfica da peça *Bonitinha, mas ordinária*, que causou grande impacto no teatro dos anos 1960.

ASFALTO SELVAGEM (1964)
Direção: J. B. Tanko
Roteiro: J. B. Tanko
Fotografia: Tony Rabatoni
Música: João Negrão
Produção: Herbert Richers e J.B. Tanko Filmes
Edição: Rafael Justo Valverde
Elenco: Jece Valadão, Vera Vianna, Maria Helena Dias, Fregolente, Jorge Dória, Odilon Azevedo, Milton Carneiro, Nestor Montemar, Pepa Ruiz, Tina Gonçalves
Duração: 99 min
P&B
Baseado no romance *Engraçadinha: seus amores e seus pecados dos 12 aos 18 anos*, da série Asfalto selvagem, editado em 1960 e reunindo os capítulos originariamente publicados em série no jornal *Última Hora*, em 1959.

O BEIJO (1965)
Direção: Flávio Tambellini
Roteiro: Flávio Tambellini, Glauco Couto, Geraldo Gabriel
Fotografia: Tony Rabatoni, Amleto Daissé, Alberto Atili
Música: Moacir dos Santos
Produção: Serrador Companhia Cinematográfica e Flávio Tambellini
Edição: Maria Guadalupe e Luiz Elias
Elenco: Reginaldo Faria, Nelly Martins, Jorge Dória, Xandó Batista,

Fregolente, Glauce Rocha, Jorge Cherques, Eliezer Gomes, Norma Blum, Betty Faria, Elizabeth Gasper, Paulo Max, Geórgia Quental, Liana Duval.
Duração: 78 min
P&B
Baseado na peça *O beijo no asfalto*, de 1960.

A FALECIDA (1965)
Direção: Leon Hirszman
Roteiro: Leon Hirszman e Eduardo Coutinho
Fotografia: José Medeiros
Música: Radamés Gnattali, sobre tema de Nelson Cavaquinho
Produção: Joffre Rodrigues e Aluísio Leite Garcia
Montagem: Nello Melli
Elenco: Fernanda Montenegro, Ivan Cândido, Nelson Xavier, Paulo Gracindo, Joel Barcelos, Dinorah Brillanti, Hugo Carvana, Zé Keti, Glória Ladany, Virginia Valli, Wilmar Menezes, Oswaldo Ferreira, Vanda Lacerda
Duração: 85 min
P&B
Baseado em peça homônima de 1954. Prêmio Especial do Júri no I Festival Internacional do Filme do Rio de Janeiro em 1965 e participante hors-concours do Festival de Veneza do mesmo ano.

ENGRAÇADINHA DEPOIS DOS TRINTA (1966)
Direção: J. B. Tanko
Roteiro: J. B. Tanko
Fotografia: José Rosa
Música: Roberto Nascimento
Produção: J. B. Tanko Filmes e Nelson Rodrigues
Edição: Rafael Justo Valverde
Elenco: Irma Álvarez, Fernando Torres, Vera Vianna, Cláudio

Cavalcanti, Nestor Montemar, Mário Petraglia, Oswaldo Loureiro, Carlos Eduardo Dolabella, Cícero Costa, Ronaldo Brasil, Yolanda Cardoso, Lia Mara, Thelma Reston, Laura Galano, Emiliano Queiroz, Rubens de Falco

Duração: 95 min

P&B

Baseado no romance *Engraçadinha: seus amores e seus pecados — depois dos 30*, da série Asfalto selvagem, editado em 1960 e reunindo os capítulos originariamente publicados no jornal *Última Hora*, em 1959. O filme é a sequência de *Asfalto selvagem* (1964), também de Tanko.

COMO GANHAR NA LOTERIA SEM PERDER A ESPORTIVA (1971)

Direção: J. B. Tanko

Roteiro: J. B. Tanko

Diálogos: Nelson Rodrigues

Fotografia: Antônio Gonçalves

Música: Edino Krieger

Produção: Herbert Richers e J.B. Tanko Filmes

Edição: Waldemar Noya

Elenco: Costinha, Agildo Ribeiro, Otelo Zeloni, Silva Filho, Maria Della Costa, Lygia Diniz, Mário Benvenutti, Labanca, Celeste Aída, Maria Pompeu, Carvalhinho, Edgar Martorelli, Jorge Cherques, Rodolfo Arena, Tereza Mitota, Flavio Migliaccio, Procópio Ferreira, Paulo Porto, Renata Fronzi, Fregolente, Zeny Pereira, Milton Vilar, Afonso Stuart, Helena Velasco, Ilva Niño, Francisco Dantas, Wilson Grey, Fernando Repsold, Luiz Mendonça, Antônio Miranda, Waldir Fiori, Milton Luiz, Fernando José, Ângelo Antônio, Noemia Barros, Iracy Benvenutti, Fredman Ribeiro, Wandick Wandré, Tony Júnior, Yara Vitória, Danton Gomes Jardim

Duração: 95 min

Cor

TODA NUDEZ SERÁ CASTIGADA (1973)

Direção: Arnaldo Jabor
Roteiro: Arnaldo Jabor
Fotografia: Lauro Escorel
Música: Roberto Carlos, Erasmo Carlos e Astor Piazzola
Produção: Paulo Porto, R. F. Produções Cinematográficas, Ventania Produções e Ipanema Filmes
Edição: Rafael Justo Valverde
Elenco: Paulo Porto, Darlene Glória, Paulo Sacks, Paulo César Pereio, Isabel Ribeiro, Orazir Pereira, Sérgio Mamberti, Orlando Bonfim, Saul Lachtermacher, Hugo Carvana, Elza Gomes, Henriqueta Brieba, Abel Pera, Waldir Onofre
Duração: 100 min
Cor
Baseado em peça homônima de 1965. Prêmios: Urso de Prata — Festival de Berlim (1973); 1º Festival de Gramado (1973); INC melhor atriz, melhor ator, atriz coadjuvante, cenógrafo (1974).

O CASAMENTO (1975)

Direção: Arnaldo Jabor
Roteiro: Arnaldo Jabor
Fotografia: Dib Lutfi
Música: Paulo Santos e Sebastião Lacerda
Edição: Rafael Justo Valverde
Produção: Sagitarius Filmes, Eduardo Mascarenhas e Sidney Cavalcanti
Elenco: Paulo Porto, Adriana Prieto, Camila Amado, Nelson Dantas, Érico Vidal, Fregolente, Mara Rúbia, André Valli, Carlos Kroeber, Abel Pera, Cidinha Milan, Lícia Magna, Gianina Singulani, Aurélio Araruama, Vinícius Salvatori, Shulamith Yaari, Alby Ramos, Kátia Grunberg, Rosa Maria Penna
Duração: 111 min

Cor

Baseado no romance homônimo de 1966. Último filme da diva do cinema brasileiro Adriana Prieto.

A DAMA DO LOTAÇÃO (1978)

Direção: Neville D'Almeida
Roteiro: N. D'Almeida e Nelson Rodrigues
Fotografia: Edson Santos
Música: Caetano Veloso
Produção: Luiz Carlos Barreto e Nilton Rique
Edição: Raimundo Higino
Elenco: Sônia Braga, Nuno Leal Maia, Jorge Dória, Paulo César Pereio, Márcia Rodrigues, Iara Amaral, Cláudio Marzo, Roberto Bonfim, Paulo Villaça, Waldir Onofre, Ivan Setta, Ney Santanna, Washington Fernandes, Thaís de Andrade, Liège Monteiro
Duração: 105 min
Cor

Baseado em crônica da série "A vida como ela é...".

OS SETE GATINHOS (1980)

Direção: Neville D'Almeida
Roteiro: Neville D'Almeida
Fotografia: Edson Santos
Música: Roberto Carlos e Erasmo Carlos
Produção: Terra Filmes Ltda., Cineville e Embrafilme
Edição: Marco Antonio Cury
Elenco: Regina Casé, Lima Duarte, Ana Maria Magalhães, Sura Berditchevsky, Antônio Fagundes, Cristina Aché, Sonia Dias, Ary Fontoura, Maurício do Valle, Sadi Cabral, Cláudio Corrêa e Castro, Thelma Reston, Guará Rodrigues, Sandro Solviatti Siqueira, Luiz Fernando Guimarães, Patricia Young, Simone Malaguti
Duração: 105 min

Cor
Baseado em peça homônima de 1958.

O BEIJO NO ASFALTO (1980)
Direção: Bruno Barreto
Roteiro: Doc Comparato e Bruno Barreto
Fotografia: Murilo Salles
Música: Guto Graça Mello
Produção: Luiz Carlos Barreto
Montagem: Raimundo Higino
Elenco: Tarcísio Meira, Ney Latorraca, Lídia Brondi, Christiane
Torloni, Thelma Reston, Flávio São Thiago, Nélson Caruso, Renato
Coutinho, Oswaldo Loureiro, Daniel Filho
Duração: 80 min
Cor
Baseado em peça homônima de 1960, anteriormente filmada por
Flávio Tambellini como *O beijo*, em 1965.

BONITINHA, MAS ORDINÁRIA OU OTTO LARA RESENDE (1981)
Direção: Braz Chediak
Roteiro: Gilvan Pereira, Sindoval Aguiar, Jorge Laclette e Doc
Comparato
Fotografia: Hélio Silva
Música: John Neschling
Produção: Pedro Carlos Rovai
Edição: Rafael Valverde
Elenco: Lucélia Santos, José Wilker, Vera Fischer, Carlos Kroeber,
Milton Morais, Sônia Oiticica, Wilson Grey, Eduardo Nogueira,
Sávio Rolim, Jotta Barroso, Lucy Meirelles, Claudia Ohana, Miriam
Ficher, Catalina Bonakie, Petty Pesce, Adalberto Silva, Procópio
Mariano, Newton Couto, Nelson Moura, Banzo, Zaqueu Bento,

Edson Ventura, Gilson Siqueira, Walmir Gonçalves, José Paulo, Cristina Kler, Cid Coutinho, Jefferson Coura, Carlos Santamaria, Dalmo Peres, Monah Delacy, Mirian Pires, Xuxa Lopes, Henriette Morineau, Rubens Corrêa
Duração: 105 min
Cor
Baseado em peça homônima de 1961, anteriormente filmada por J. P. de Carvalho, em 1963.

SOBRENATURAL DE ALMEIDA (1980)
Direção: Paulo Sérgio Almeida
Roteiro: Paulo Sérgio Almeida
Fotografia: Antonio Penido
Produção: Sagitarius Filmes
Edição: Denise Fontoura
Elenco: Paulão, Joel Barcelos
Cor
Duração: 11 min

ÁLBUM DE FAMÍLIA: UMA HISTÓRIA DEVASSA (1981)
Direção: Braz Chediak
Roteiro: Nelson Rodrigues, Braz Chediak, Nelson Rodrigues Filho, Gilvan Pereira e Sindoval Aguiar
Fotografia: Hélio Silva
Música: John Neschling
Produção: BC Produções Cinematográficas, Atlântida Cinematográfica Ltda., W.V. Filmes
Edição: Rafael Justo Valverde
Elenco: Lucélia Santos, Rubens Corrêa, Dina Sfat, Vanda Lacerda, Marcos Alvisi, Manfredo Colassanti, David Pinheiro, Gustavo José, Carlos Gregório, Miriam Ficher, Adriana Figueiredo, Catalina Bonaki, Dora Pellegrino, Alba Valéria

Duração: 88 min
Cor
Baseado na peça *Álbum de família*, de 1945.

ENGRAÇADINHA (1981)

Direção: Haroldo Marinho Barbosa
Roteiro: Haroldo Marinho Barbosa
Fotografia: Antonio Penido
Música: Sérgio Guilherme Saraceni
Produção: Paulo Thiago
Montagem: Gilberto Santeiro
Elenco: Lucélia Santos, José Lewgoy, Luiz Fernando Guimarães, Nina de Pádua, Wilson Grey, Henriqueta Bertoleti, Sonia Figueiredo, Elizabeth Souza, Florêncio Fenochio, Francisco Lima, Lourival Trindade, Leonides Barbosa, Carlos Gregório, Daniel Dantas, Nelson Dantas, Cláudio Corrêa e Castro, Eva Carbon
Duração: 140 min
Cor
Baseado no romance *Engraçadinha: seus amores e seus pecados — dos 12 aos 18 anos*, da série Asfalto selvagem, editado em 1960. Refilmagem de *Asfalto selvagem* (1964), de J. B. Tanko.

PERDOA-ME POR ME TRAÍRES (1983)

Direção: Braz Chediak
Roteiro: Gilvan Pereira, Joffre Rodrigues, Nelson Rodrigues Filho, Braz Chediak
Fotografia: Hélio Silva
Música: Chico Buarque
Produção: J. N. Filmes; J. B. Tanko Filmes
Edição: Rafael Valverde
Elenco: Vera Fischer, Nuno Leal Maia, Rubens Corrêa, Lídia Brondi, Zaira Zambelli, Henriette Morineau, Anselmo Vasconcelos, Sadi

Cabral, Virginia Valli, Jorge Dória, Ângela Leal
Duração: 101 min
Cor
Baseado em peça homônima de 1957.

BOCA DE OURO (1990)
Direção: Walter Avancini
Roteiro: Walter Avancini
Fotografia: Carlos Egberto
Música: Edu Lobo
Produção: Jofre Rodrigues
Montagem: Jaime Justo
Elenco: Tarcísio Meira, Claudia Raia, Ricardo Petraglia, Luma de Oliveira, Hugo Carvana, Osmar Prado, Maria Padilha, João Signorelli, Tarcísio Filho, Betty Gofman, Márcia Couto
Participação especial: Grande Otelo
Duração: 108 min
Cor

TRAIÇÃO: 3 ESTÓRIAS DE NELSON RODRIGUES (1997)
Diretores: Arthur Fontes, Cláudio Torres e José Henrique Fonseca
Roteiro: Maurício Zacharias, Fernanda Torres e Claudio Torres e Patrícia Melo
Fotografia: Affonso Beato e Breno Silveira
Música: Dudu Marote, Apollo 9, Márcio Tagliari
Produção: Flávio Tambellini, Leonardo Monteiro de Barros e Pedro Buarque de Holanda
Edição: João Paulo de Carvalho e Sérgio Mekler
Elenco: Daniel Dantas, Fernanda Torres, Pedro Cardoso, Fernanda Montenegro, Alexandre Borges, Drica Moraes, José Henrique Fonseca, Jorge Dória, Francisco Cuoco, Ludmila Dayer
Duração: 100 min

Cor

Filme dividido em três episódios: "O primeiro pecado", "Diabólica" e "Cachorro!", cada um dirigido por um diretor diferente. Primeiro filme da produtora Conspiração.

GÊMEAS (1999)
Diretor: Andrucha Waddington
Roteiro: Elena Soárez
Fotografia: Breno Silveira
Produção: Flávio Tambellini, Leonardo Monteiro de Barros, Pedro Buarque de Holanda
Edição: Sérgio Mekler
Música: Michelle DiBucci
Elenco: Fernanda Torres, Francisco Cuoco, Evandro Mesquita, Fernanda Montenegro, Matheus Nachtergaele, Caio Junqueira
Duração: 75 min
Cor

TELEVISÃO

A MORTA SEM ESPELHO (1963)
Primeira telenovela brasileira, encomendada a Nelson Rodrigues para recuperar a audiência da TV Rio. Conta a história de uma mulher que não se via no espelho.
Direção: Sérgio Britto
Produção: TV Rio
Elenco: Paulo Gracindo, Sérgio Britto e Rosita Thomaz Lopes etc.
Exibição: TV Rio e, em São Paulo, TV Record, às 23 horas

POUCO AMOR NÃO É AMOR (1963)

Escrita por Nelson Rodrigues, sob o pseudônimo de Verônica Blake. A novela conta a história de uma moça pobre do interior e de um fazendeiro que ficara viúvo há pouco tempo.
Direção: Fernando Torres
Produção: Sérgio Britto
Elenco: Fernanda Montenegro, Sérgio Britto, Ítalo Rossi, entre outros
Estreia: 19 de novembro de 1963
Exibição: TV Rio e, em São Paulo, TV Record

O DESCONHECIDO (1964)

A ideia inicial estava no próprio título, todos sendo desconhecidos uns dos outros. O personagem principal é um neurótico de guerra que foge do manicômio.
Direção: Sérgio Britto e Fernando Torres
Produção: TV Rio
Elenco: Jece Valadão, Vera Vianna, Aldo Maia, Joana Fomm, Mário Brasini, Isabel Teresa, Nathalia Timberg, Germano Filho, entre outros
Exibição: TV Rio e, em São Paulo, TV Record, às 23 horas

SONHO DE AMOR (1964)

Telenovela de Nelson Rodrigues adaptada do romance de José de Alencar O tronco do ipê. *A adaptação foi um recurso utilizado por Nelson e pela TV Rio para burlar a Censura, que só permitia que suas novelas fossem exibidas às 23 horas.*
Direção: Sérgio Britto
Produção: TV Rio
Elenco: Fernanda Montenegro e grande elenco
Estreia: 17 de março de 1964
Exibição: TV Rio e, em São Paulo, pela TV Record, às 18 horas

ADAPTAÇÕES

"A VIDA COMO ELA É..." (1962)
Quadro do programa de variedades Noite de gala. *O programa ia ao ar no horário nobre das segundas-feiras e tinha reportagens, shows de música, coreografias, calouros e entrevistas.*
Direção: Geraldo Casé
Exibição: TV Rio

VESTIDO DE NOIVA (1974)
Em formato unitário, Vestido de noiva foi um dos mais importantes espe-táculos teleteatrais adaptados pela TV Cultura na década de 1970.
Programa: Teatro 2
Direção: Antunes Filho
Elenco: Lílian Lemmertz, Nathalia Timberg, Edwin Luisi, entre outros
Exibição: TV Cultura

VESTIDO DE NOIVA (1979)
Um dos episódios da série de teleteatros apresentados pela Rede Globo no final da década de 1970.
Programa: Aplauso
Direção: Paulo José
Adaptação: Domingos Oliveira
Elenco: Suzana Vieira, Dina Sfat, entre outros
Exibição: Rede Globo

PAIXÃO SEGUNDO NELSON RODRIGUES (1981)

Especial exibido em homenagem a Nelson Rodrigues por conta do primeiro ano de seu falecimento.
Direção: Antonio Carlos da Fontoura
Produção: Daniel Filho
Elenco: Andréa Beltrão, Cláudio Corrêa e Castro, entre outros
Exibição: Rede Globo

O HOMEM PROIBIDO (1982)

Telenovela de Teixeira Filho, inspirada no romance homônimo de Nelson Rodrigues. Sofreu intervenções da Censura, com cortes nos capítulos iniciais.
Direção-geral: Gonzaga Blota
Direção: Gonzaga Blota e Reynaldo Boury
Produção: Rede Globo
Elenco: David Cardoso, Elizabeth Savala, Stepan Nercessian, Milton Morais, Edson Celulari, Rômulo Arantes, entre outros
Exibição: Rede Globo, às 18 horas

MEU DESTINO É PECAR (1984)

Exibida em trinta e cinco capítulos, levou para a televisão o primeiro folhetim de Nelson Rodrigues reunido em livro.
Direção: Ademar Guerra e Denise Saraceni
Adaptação: Euclydes Marinho
Elenco: Lucélia Santos, Tarcísio Meira, Nathalia Timberg, entre outros
Exibição: Rede Globo, às 22 horas

SENHORA DOS AFOGADOS (1985)

Teleteatro apresentado pela TV Cultura.
Programa: Teatro 2
Direção: Antônio Abujamra

Elenco: Françoise Fourton, Tânia Bondezan, Fernando Peixoto, entre outros
Exibição: TV Cultura

ENGRAÇADINHA (1995)

Minissérie de Leopoldo Serran, baseada na obra de Nelson Rodrigues.
Direção: Denise Saraceni e Johnny Jardim
Direção-geral: Denise Saraceni
Produção: Rede Globo
Elenco: Claudia Raia, Alessandra Negrini, Cláudio Corrêa e Castro, Paulo Betti, Maria Luísa Mendonça, Hugo Carvana, Nicette Bruno, Ângelo Antônio, Antônio Fagundes, Aracy Balabanian, Arlete Salles, Betty Gofman, entre outros
Exibição: Rede Globo, às 22h30min

A VIDA COMO ELA É... (1996)

Programa: *Fantástico*
Direção: Daniel Filho e Denise Saraceni
Roteiro: Euclydes Marinho
Elenco: Antônio Calloni, Cássio Gabus Mendes, Laura Cardoso, Maitê Proença, Malu Mader, Tony Ramos, entre outros
Exibição: Rede Globo, às 20 horas

TRAIÇÃO (2002)

Em comemoração aos noventa anos de nascimento de Nelson Rodrigues, a Rede Globo exibiu o filme Traição (1998), dividindo-o em três episódios.
Programa: *Brava Gente*
30/07 — "O primeiro pecado". Direção: Arthur Fontes
06/08 — "Diabólica". Direção: Cláudio Torres
13/08 — "Cachorro!". Direção: José Henrique Fonseca
Exibição: Rede Globo, 22 horas

FRASES DE NELSON RODRIGUES

A melhor maneira de não ser canalha é ser reacionário.

Não estarei insinuando nenhuma novidade se afirmar que nunca houve uma multidão inteligente.

Entre o público e uma obra de arte, quem tem razão é sempre a obra de arte.

Sou um obsoleto, um carcomido, porque coloco a questão da liberdade antes do problema do pão.

Eu me interesso por novela justamente porque ela atinge aquela zona de puerilidade que é eterna no ser humano.

A morte de um amor é pior do que a morte pessoal e física.

A grande, a perfeita solidão exige a companhia ideal.

A imparcialidade só merece a nossa gargalhada.

O ser humano pode ter todos os defeitos, menos o da imparcialidade.

A NOSSA LÍNGUA TEM SIDO UMA BOA DESCULPA PARA OS QUE A ASSASSINAM.

A constante dos seres humanos é a burrice. Para um gênio há dez milhões de imbecis.

O brasileiro vai conquistar a vida. É um peixe cego, que tem luz própria, mas anda babando na gravata.

Não tenho medo de confessar minha morbidez. Eu a recebo e a compreendo como uma graça de Deus.

Sou um homem que chora. Meu sentimentalismo é meu ponto forte.

É preciso restaurar o mau gosto no cinema.

Eu só sei viver com minha língua e minha pátria. Sou um homem da minha rua.

Minha inspiração é a soma de todas as vidas que tive, através de todas as eras, todas as idades.

Nunca viajo porque a partir do Méier sinto saudade do Brasil.

A literatura está deplorável. Os humoristas, profundos.

Todos nós falamos igual,
o que muda é a melodia.

O Maracanã vaia até minuto
de silêncio.

O homem deseja sem amor,
a mulher deseja sem amar.

A virtude é bonita, mas exala
um tédio homicida.

Consciência social de
brasileiro é medo da polícia.

O mau da literatura brasileira
é que nenhum escritor sabe
bater um escanteio.

Não sou um escritor unânime,
porque a unanimidade
é uma burrice.

O brasileiro é um feriado.

O Brasil é um elefante
geográfico. Falta-lhe, porém,
um líder que o monte.

AI DO ESCRITOR QUE NÃO USA, DE VEZ EM QUANDO, UM MÍNIMO DE CAFONICE.

SUBDESENVOLVIMENTO NÃO SE IMPROVISA. É OBRA DE SÉCULOS.

Sou a maior velhice da América Latina. Já me confessei uma múmia, com todos os achaques das múmias.

Toda oração é linda. Duas mãos postas são sempre tocantes, ainda que rezem pelo vampiro de Düsseldorf.

O grande acontecimento do século foi a ascensão espantosa e fulminante do idiota.

A Europa é uma burrice aparelhada de museus.

Hoje, a reportagem de polícia está mais árida do que uma paisagem lunar. O repórter mente pouco, mente cada vez menos.

O cinismo escorre por toda parte, como a água das paredes infiltradas.

O socialismo ficará como um pesadelo humorístico da história.

A pior forma de solidão é a companhia de um paulista.

As grandes convivências estão a um milímetro do tédio.

O presidente que deixa o poder passa a ser, automaticamente, um chato.

Sou um suburbano. Acho que a vida é mais profunda depois da praça Saenz Peña.

O único lugar onde ainda há o suicídio por amor, onde ainda se morre e se mata por amor, é na Zona Norte.

O adulto não existe. O homem é um menino perene.

É o desamor que explica todos os males, da brotoeja à úlcera, da urticária ao câncer.

Sem alma, não se chupa um Chicabon, não se cobra nem um arremesso lateral.

Só os imbecis têm medo do ridículo.

O meu teatro é de pouquíssimos grã-finos.

A classe média é formidável.

A arte está cheia de equívocos.

A CARTA ANÔNIMA É A MAIS HONESTA DAS CARTAS, PORQUE O SUJEITO DIZ EXATAMENTE O QUE QUER.

Antes de escrever, eu penso muito. Levo mais tempo pensando do que escrevendo.

O brasileiro ou acredita em si mesmo, ou cai de quatro.

Para mim, não há coincidência intranscendente, e repito: qualquer coincidência tem o dedo de Deus ou do diabo.

Jamais o vídeo teve a limpidez, a inteligência e a penetração do olho humano.

A burrice tem a virtude da veracidade.

Sou um narcisista relapso. Muito relaxado na administração da minha glória.

Pior que o traidor, pior que o venal, pior que o inimigo — é o revolucionário burro.

Eu sou romântico e o romântico é homem de uma mulher só.

Só os profetas enxergam o óbvio.

As peças se dividem em "interessantes" e "vitais".

De vez em quando, fico pensando que sou o maior dramaturgo brasileiro e outras vezes não sou tão otimista assim.

O QUASE NÃO É UMA CATEGORIA.

O que faz minha obra ter significado é ela ser uma compensação para todo o mal que tive na vida.

O homem é um ator para os outros e sobretudo para si mesmo.

O canalha nunca se acha canalha, se acha de uma bondade inexcedível.

Há os autopunitivos, mas a maioria consegue fazer de si mesmo uma estátua.

Hoje a morte está desmoralizada pelas capelas de luxo e o enterro virou um acontecimento social.

SOU UM OUVINTE MARAVILHOSO. ESCUTO O QUE ME DIZEM COM PACIÊNCIA E AMOR. DESCULPEM. AMOR, NÃO: HUMOR.

Bote um retrato de Che Guevara na parede de casa, e o retrato abrirá todas as portas da vida literária.

Para ser um bom estilista, é preciso acrescentar uma página sobre miséria nos Estados Unidos.

Só um herói, um santo ou um louco ousaria confessar publicamente que não é marxista, que nunca foi marxista.

O grande diretor teatral deve ser totalmente imbecil.

Sou o que está mais só.

Otimismo do técnico é decisivo. O preparador tem que espalhar a fé na vitória.

Nunca um idiota da objetividade prospera no futebol.

Quando o juiz sopra o apito inicial, está, na verdade, abrindo uma janela para o infinito.

Fingidor contumaz, o futebol, vai enganando gregos e troianos, distribuindo ilusões fatais, esperanças delirantes.

Não há clássico, não há pelada sem uma orla de espanto e sobrenatural.

Cada escritor, cronista, cada poeta tem o seu "Bolero de Ravel".

Nada é mais estúpido e vazio que a variedade.

No amor, o grande sujeito é o camarada de uma mulher só. Ele agarra a sua e não a larga mais.

O verdadeiro d. Juan é o sedutor de uma conquista única, para sempre.

Se o Maracanã tivesse lustre, de lá escorreriam verdadeiros cachos humanos.

A piada é o disfarce de uma mágoa incurável.

O que confere dignidade à pessoa humana são uns certos bens inegociáveis.

Todos nós sabemos que o brasileiro é um sujeito que paga para se comover, para chorar lágrimas de esguicho.

O FUTEBOL É UM JOGO MÁGICO, NÃO LÓGICO.

A VERDADE É QUE NÃO HÁ NADA MAIS ANTIGO DO QUE O PASSADO RECENTE.

A grande tragédia do teatro é depender do público. O dramaturgo, no entanto, só realiza sua obra na medida em que se liberta do público.

A maior dignidade da morte é física. Nunca o homem é tão belo como quando está morto.

A morte é solúvel, porque desemboca na eternidade. O amor é insolúvel.

Com a morte do pudor, ninguém se ruboriza mais. É possível apontar mau gosto na obra de qualquer grande escritor.

Entre o desquite e a infidelidade, acho esta última muito mais generosa, humana, familiar e social.

Eu sou reacionário porque sou pela liberdade. O não reacionário é o comunista que não tem liberdade nem para fazer greve.

Eu sou um canibal do amor.

Façamos um censo de possíveis defuntos. E chegaremos à conclusão de que ninguém no momento, no Brasil, justificaria um grande enterro.

O INIMIGO É UM SUJEITO ABOMINÁVEL QUE DEVE SER TRANSFORMADO EM AMIGO DE INFÂNCIA.

Há milhões de imbecis pelo mundo, os outros é que são uma minoria ridícula.

Hoje, se o gênio não se fingir de imbecil, não arranja emprego.

Muito mais trágico do que as duas guerrinhas deste século é a dor de cotovelo.

Nada mais cretino e mais cretinizante do que a paixão política. É a única paixão sem grandeza, a única que é capaz de imbecilizar o homem.

Num casal, há sempre um infiel. É preciso trair para não ser traído.

Nunca houve inteligência coletiva, trezentas pessoas reunidas constituem um bloco monolítico de incompreensão, frequentemente de estupidez.

O amigo trai na primeira esquina, ao passo que o inimigo não trai nunca.

O autor teatral só deve e só pode respeitar o teatro vazio.

O bom gosto deve ser uma virtude de grã-finas em férias, ou de cronistas sociais. Nunca, porém, de um artista.

O homem de Marx é um homem com uma dimensão a menos, um ser simplificado, amputado. É um homem inexistente.

O psicanalista é uma comadre bem paga.

O sujeito que lê ou ouve um esquerdista, leu e ouviu todos os esquerdistas.

O único lugar onde o pecado tem castigo é no meu teatro.

NA VIDA, USAMOS MÁSCARAS SUCESSIVAS E CONTRADITÓRIAS. SÓ A MORTE REVELA A NOSSA VERDADEIRA FACE.

O viúvo que se casa está incidindo no mais grave e no mais pusilânime dos adultérios, que é o adultério contra um morto.

Os movimentos políticos de massa aumentam apenas a minha necessidade de solidão.

Os teóricos só têm feito mal ao teatro, a começar pelo malfeitor Aristóteles. Que dizer dos outros que vieram depois?

Qualquer mulher é suburbana. A grã--fina mais besta é chorona como uma moradora do Encantado e Del Castilho.

Quando leio os suplementos dominicais, tenho a sensação insuportável de exílio, uma nostalgia brutal do Brasil.

Só os bêbados se confessam. Eu, se fosse carola, enchia a cara antes do confessionário. Não acredito na sinceridade dos sóbrios, dos lúcidos.

Toda pessoa que perdeu a inocência, que um dia praticou o ato sexual é, a meu ver, um ser perdido, devorado pela voragem do desejo insaciável.

Todo autor é autor de um único tema.

Um ficcionista tem que ser um ouvinte, assim como o psicanalista.

Os homens mentiriam menos se as mulheres fizessem menos perguntas.

Quem ganha ou perde as partidas é a alma.

O AMIGO É UM MOMENTO DE ETERNIDADE.

NADA NOS HUMILHA MAIS DO QUE A CORAGEM ALHEIA.

A fidelidade devia ser facultativa.

Dinheiro compra tudo. Até amor verdadeiro.

Há homens que por dinheiro são capazes até de uma boa ação.

Deus me livre de ser inteligente.

Invejo a burrice, porque é eterna.

Brasília é outro país, quase outro idioma.

Toda mulher bonita é um pouco a namorada lésbica de si mesma.

Os magros só deviam amar vestidos, e nunca no claro.

Ou o sujeito é crítico, ou inteligente.

Todo amor é eterno e, se acaba, não era amor.

O homem e a mulher são dois ressentidos contra o ex-amor.

Meus diálogos são realmente pobres. Só eu sei o trabalho que me dá empobrecê-los.

Em nosso século, o "grande homem" pode ser, ao mesmo tempo, uma boa besta.

O homem não nasceu para ser grande. Um mínimo de grandeza já o desumaniza.

AS COISAS DITAS SÓ UMA VEZ, MORREM INÉDITAS.

O povo desconfia do que entende, desconfia do que gosta.

Nada mais doce, nada mais terno, do que um ex-inimigo.

Cada um de nós carrega um potencial de santas humilhações hereditárias.

O jovem só pode ser levado a sério quando fica velho.

Acho a liberdade mais importante que o pão.

O homem esquece antes de sofrer.

A vida é a arte de não fazer favores. Nada ofende mais do que o benefício, nada agride mais do que o favor.

Todas as vaias são boas, inclusive as más.

Eu tenho dois Fluminenses. O próprio e a seleção brasileira.

A fome é mansa e casta. Quem não come não ama, nem odeia.

Certas esposas precisam trair para não apodrecerem.
O que caracteriza o torcedor rubro-negro é uma fé brutal.

A torcida é a mãe de pouco amor.

Eu diria mesmo que a burrice
é a mais perigosa forma de
loucura.

Assim é o brasileiro.
Tem sempre uma piada
fulminante. Não temos o
dinheiro, mas temos a anedota
que escorre, por entre os
nossos dedos como água.

SEI QUE HÁ NO FUTEBOL E NA VIDA REVESES INEXPLICÁVEIS.

REFERÊNCIAS

"A peça mais discutida do Brasil — *Anjo Negro* estreará hoje, no Fênix". [Entrevista concedida ao] *Correio da Manhã*, 2 abr. 1948. Disponível em: <http://www.nelsonrodrigues.com.br/site/materia.php?t=n&c=12&i=28>. Acesso em: 29 dez. 2021.

"A última peça de Nelson Rodrigues, um tributo à morte". [Entrevista concedida ao] *Jornal da Tarde*, 20 out. 1978. Disponível em: <http://www.nelsonrodrigues.com.br/site/materia.php?t=n&c=12&i-37>. Acesso em: 7 jan. 2022.

"A verdadeira apotesose é a vaia". [Entrevista concedida à] *Folha de S.Paulo*, 22 jan. 1969. Disponível em: <http://www.nelsonrodrigues.com.br/site/materia.php?t=n&c=12&i=38>. Acesso em: 28 dez. 2021.

"Amor que morre". *Folha de S.Paulo*, 22 dez. 1980.

"Comunismo foi pior experiência nos últimos 30 milhões de anos". [Entrevista concedida a] Luciane Louzeiro. *Jornal do Brasil*, [s. d.]. Disponível em: <http://www.nelsonrodrigues.com.br/site/materia.php?t=n&c=12&i=22>. Acesso em: 7 jan. 2022.

"Criação de *Vestido de noite*". [Entrevista concedida a] Villas-Bôas

Corrêa, Frederico Branco, Antonio Carbone e Lourenço Dantas Mota. *O Estado de S.Paulo*, 10 set. 1978. Disponível em: <http://www.nelsonrodrigues.com.br/site/materia.php?t=n&c=12&i=30>. Acesso em: 7 jan. 2022.

"Depoimento Nelson Rodrigues". [Entrevista concedida à] *Filme Cultura*, n. 20, 1972. Disponível em: <http://www.nelsonrodrigues.com.br/site/materia.php?t=n&c=12&i=32>. Acesso em: 31 dez. 2021.

"Documentário Nelson Rodrigues". [Entrevista concedida à] TV Cultura, 28 jul. 2016. Disponível em: <http://www.nelsonrodrigues.com.br/site/materia.php?t=n&c=12&i=36>. Acesso em: 7 jan. 2022.

"Entrevista Nelson Rodrigues — Projeto Os Mágicos". [Entrevista concedida à] TVE, 1973. Disponível em: <http://www.nelsonrodrigues.com.br/site/materia.php?t=n&c=12&i=33>. Acesso em: 29 dez. 2021.

"Entrevista Nelson Rodrigues". [Entrevista concedida a] José Lino Grünewald. *Filme Cultura*, n. 24, 1973. Disponível em: <http://www.nelsonrodrigues.com.br/site/materia.php?t=n&c=12&i=34>. Acesso em: 7 jan. 2022.

"Nelson Rodrigues — Entrevistas". Museu da Imagem e do Som, 4 mar. 1994. dvd, 21min55s, item n. 00528DCM00198VD. Coleção 00528DCM — Documentários.

"Nelson Rodrigues — Sou um moralista". [Entrevista concedida a] Henrique Benevides. *Última hora*, 1973. Disponível em: <http://www.nelsonrodrigues.com.br/site/materia.php?t=n&c=12&i=35>. Acesso em: 7 jan. 2022.

"Nelson Rodrigues prefere falar de amor e morte". [Entrevista concedida a] Nazareth Resende. *Revista do Rádio*, 9 nov. 1963. Disponível em: <http://www.nelsonrodrigues.com.br/site/materia.php?t=n&c=12&i=27>. Acesso em: 7 jan. 2022.

"Nelson Rodrigues: a censura me discrimina". [Entrevista concedida a] Villas-Bôas Corrêa, Frederico Branco, Antônio Carbone e Lourenço Dantas Mota. *O Estado de S. Paulo*, 10 set. 1978. Disponível em: <http://www.nelsonrodrigues.com.br/site/materia. php?t=n&c=12&i=29>. Acesso em: 7 jan. 2022.

"Nelson Rodrigues: Reacionário *é* a Rússia". [Entrevista concedida a] Cláudio Lacerda. *Jornal da Tarde*, 11 jul. 1977. Disponível em: <http://www.nelsonrodrigues.com.br/site/materia.php?t=n&-c=12&i=31>. Acesso em: 7 jan. 2022.

"Nelson Rodrigues". [Entrevista concedida a] Clarice Lispector. In: Lispector, Clarice. *Entrevistas*. Rio de Janeiro: Rocco, 2007.

"O que estraga o teatro são os atores e o público. [Entrevista concedida a] Otto Lara Resende. *Folha de S.Paulo*, 29 jan. 1980. Disponível em: <http://www.nelsonrodrigues.com.br/site/materia. php?t=n&c=12&i=39>. Acesso em: 27 dez. 2021.

"Teatro desagradável". *Revista Dionysos*. Rio de Janeiro, Serviço Nacional de Teatro, 1949.

"Teatro não tem que ser bombom com licor". [Entrevista concedida ao] *Jornal da Tarde*, 7 dez. 1974. Disponível em: <http://www.nelsonrodrigues.com.br/site/materia.php?t=n&c=5&i=25>. Acesso em: 29 dez. 2021.

"Um obsceno na porta da academia". [Entrevista concedida a] Isa Cambará. *Folha de S.Paulo*, 20 jan. 1980. Disponível em: <http://www.nelsonrodrigues.com.br/site/materia.php?t=n&-c=12&i=40>. Acesso em: 27 dez. 2021.

Este livro foi impresso em 2022, pela
Lis gráfica, para a HarperCollins Brasil.
A fonte usada no miolo é Eskorte
Latin, corpo 10. O papel do miolo é
Pólen Soft 80 g/m^2.